U0120041

華志文化

華志文化

情緒心理學

破解快樂背後的超完美行為控制術

掌握良好情緒，
就能掌握快樂

李問渠◎著

白金版
199
元

做掌控情緒高手，時刻給自己減壓，
生命之舟，才可以輕輕鬆鬆的出航。

人生有兩個方向的世界：一個是前進的世界，一個是回頭的世界。如果你能夠同時把握這兩個世界，人生便更能臻於完美。境由心生，你所面對的人和事，生活在什麼樣的環境，都是由你的心所吸引而造成的。你吸引什麼，就會遇見什麼。所以，要想改變所處的環境，首先要改變的是你的內心的情緒。

前言 掌握情緒，就能掌握快樂

《黃帝內經》說：「怒傷肝，喜傷心，憂傷肺，恐傷腎。」就是說，人們的情緒不能過多波動，因為強烈的情緒會導致心跳加快、血壓升高等一系列生理反應，對人體健康不利。尤其是當你的情緒引發憤怒，對旁人發火時，會在別人的心裡留下印記，別人也會對你懷恨在心，並採取報復行動。所以，壞脾氣是一把雙刃劍，刺傷別人的同時，也會傷了自己。

境由心生，是說你所面對的人和事，生活在什麼樣的環境，都是由你的心所吸引而造成的。你吸引什麼，就會遇見什麼。所以，要想改變所處的環境，首先要改變的是你的內心世界。情緒是我們自己的，並非來自別人身上，因此，要調節情緒，也只有靠我們自己。不過一般來說，理解別人的情緒容易，調節自己的情緒就困難了。正所謂當局者迷，旁觀者清。情緒操縱術告訴我們：要想控制自己的情緒，就應該遠離怒火，停止抱怨。

朋友，在日常生活、工作或學習中，你是否也曾經遇到過失去控制、失去理智的時候？你發火之後，情況有所改觀嗎？好了，答案出來了，憤怒不僅沒有解決你的問題，反而令你更不受人喜愛，事實就是這樣，你抱怨，等於是往自己的鞋子裡倒水，使行路更難。情緒操縱術告訴你：面對不平之事時，請深吸幾口氣，保持冷靜，控制自己發火的行為。因為如果我們被怒火所控制的話，可能就會帶來惡果：喪失信用、人際關係惡化、壓力增加，而這些，都是扼殺你職業生涯的潛在大敵。所以，智者就應該控制自己的情緒，遠離怒火，停止抱怨！

「海納百川，有容乃大。」古人的這句話，既是對山河雄偉的讚美，也寓意著做人的道理，就是說做人要豁達大度、胸懷寬闊，這也是一個人有修養的表現。人生在世，難免有高低起伏。這時候，刻意和生活衝撞，只會讓人更加生氣，傷心，甚至更加失敗。這時候，我們要做到能容天下不容之事，這才是智者的選擇。

放寬自己的心，不要總是為了那些傷心的事去費腦筋。要知道，一切都會過去的；放寬自己的心，讓那些本來煩惱的事隨時間的流逝自行消失吧；放寬自己的心，讓我們的每一天都過得快樂、充實一些；放寬自己的心，讓一切的煩惱都遠離我們。記住，放寬心是一種智慧，是低調的張揚與進取。心寬一寸，我們的情緒將受益三分。

目錄

目錄
contents

第二章　取捨之間，彰顯智慧

第三章 快樂與否，自己決定

目錄
contents

第五章　生命之舟需要輕載

附錄　成功者格言錄

第一章

退後一步，海闊天空

有人說，人生有兩個方向的世界：一個是前進的世界，一個是回頭的世界。如果你能夠同時把握這兩個世界，人生便更能臻於完美。「前進」與「後退」不是絕對的，假如在欲望的追求中，心靈沒有提升，則前進正是後退。反之，若在失敗、挫折中，心性有所覺醒，則後退正是前進。

退後一步，海闊天空。這裡的「退步」其實就是「前進」，一種遇到阻力時以退為進的策略，一種內斂通透的人生處世哲學，也是一種生存和處世的智慧。低頭的人生，轉身的人生，回頭的人生，退讓的人生，都蘊涵著無限微妙的道理。如果事事能忍讓三分，在前進時採取後退的姿勢，以謙讓恭謹的方式向前，就會更加完美了。退一步，雖說是最不易邁出的舉步維艱的一步，但也是智與愚、勇與怯、沒落與崛起、成功與失敗的千鈞一髮的一步。讓我們擦亮眼睛，抖擻精神，在關鍵時刻毫不猶豫地退後一步，贏取屬於我們的海闊天空。

1 停止爭論，越佔上風越孤單

班傑明．富蘭克林說過：「如果你總是爭辯、反駁、也許偶爾能獲勝，但那是空洞的勝利，因為你永遠得不到對方的好感。」

爭論的結果一般來說只會是兩敗俱傷。很多時候，人們爭論無非就是要讓別人相信自己的觀點，可是別人相信了你的觀點，你佔了上風，又能怎麼樣呢？事實就是事實，即便是對方錯了，也沒必要要求對方立刻改正，或許某天、某句話、某件事，會讓對方猛然認識到：原來是我錯了。

爭論後，讓對方認同自己的觀點，對方即表面上口服，但是私底下心裡卻不會服氣。爭論只會增加對方對我們的反感，使彼此的關係疏遠，因此要停止爭論，因為越佔上風越孤單。

不要覺得為小事爭論沒什麼，有時，如果雙方都不懂得適可而止，衝突就會越來越大，到了無法駕馭自己怒火的地步，便可能做出不理智的事情。

席中，坐在他右邊的一位先生為了活躍氣氛，講了一段幽默笑話，並引用了一句話。那位先生說這句話出自《聖經》。卡爾知道他錯了，他非常清楚正確的出處，沒有一點疑問。

為了表現自己，卡爾就告訴那位先生，那句話不是出自《聖經》。那人立刻反唇相譏：「什麼？出自莎士比亞？不可能，絕對不可能！那句話就是出自《聖經》。」那位先生坐在右邊，卡爾的老朋友弗蘭克．格蒙在他左邊，他研究莎士比亞的著作已經好多年了。於是，他們倆都同意向格蒙請教。格蒙聽了，在桌下踢了卡爾一下，然後說：「卡爾，這位先生沒說錯，這句話是出自《聖經》。」

回去的路上，卡爾對格蒙說：「弗蘭克，你明明知道那句話出自莎士比亞而不是《聖經》。」「是的，我當然知道。」他回答，「《哈姆雷特》第五幕第二場。可是親愛的卡爾，我們是宴會上的客人，為什麼一定要證明他錯了呢？那樣會使他喜歡你嗎？為什麼不給他留點面子？他並沒問你的意見啊！他不需要你的意見，為什麼要跟他爭論？我們應該永遠避免跟人家發生正面衝突。」

那個教訓對卡爾的影響非常深刻，因為卡爾性格率直。小時候和家人，在很多事情上都爭論不休。進入大學，卡爾又選修邏輯學和辯論術，也經常參加辯論賽。從那次之後，卡爾聽過、看過、參加過、也批評過多次的爭論。這所有的一切，使他得到一個結論：天底下只有一種能在爭論中獲勝的方式，那就是停止爭論。

透過爭論，你不可能完全勝利。因為如果爭論的結果是你輸了，當然你就輸了。問題是，即使你贏了對方，其實你依然是輸。為什麼這麼說呢？因為你的勝利是以打敗對方，讓對方自己承認錯誤結束。因此，就算爭論中你贏了，你可以得意揚揚，但你傷了對方的自尊，會讓他慚愧。他會怨恨你的勝利，因此也就不會和你成為朋友。正如我們前面所說，幾乎所有的爭論，都會使參加的雙方更加堅持自己的觀點，而不管在表面上是否佔了上風。而事實上，在爭論中沒有贏家。

在生活中，爭論不能夠完全避免，但要懂得適可而止，特別是那些毫無意義的爭論，這種爭論對雙方都有害無益。也許你能說會道，伶牙俐齒，交際口才出眾，但最好還是要避免繼續爭論下去，及時停止爭論。

2 退後一步，關係更近一步

一位學者說過，會快樂生活的人，並不一味地爭強好勝。在必要的時候，寧可後退一步，做出必要的自我犧牲。其實，遇事只要退一步去想、去做，說不定就會柳暗花明，晴空萬里，更會讓你擺脫「只緣身在此山中」的局限，避免讓自己成為籠中鳥的悲哀。

鄰里之間，抬頭不見低頭見，彼此發生不愉快，也沒必要爭強好勝，互不相讓。退後一步，換一種方式解決問題，大家就會冰釋前嫌。

牧場主和獵戶是鄰居。牧場主養了一群羊，獵戶家養了一群兇猛的獵狗。獵戶的獵狗經常跳過柵欄襲擊牧場主的小羔羊，牧場主幾次請獵戶把狗關好，但獵戶不以為然，雖口頭上答應，但是沒過幾天，他家的獵狗又跳過來胡作非為，好幾隻小羊都被咬傷。

牧場主忍無可忍，就去找鎮上的法官做主。聽了他的控訴，明理的法官說：

「我可以處罰那個獵戶，也可以發布法令讓他把狗鎖起來。但這樣一來，你就失去了一個朋友，多了一個敵人。你是願意和敵人做鄰居呢，還是和朋友做鄰居？」

「當然是和朋友做鄰居。」牧場主說。

「那好，我給你出個主意。按我說的去做，不但可以保證你的羊群不再受騷擾，還會為你贏得一個友好的鄰居。」法官和牧場主低聲談論了一會兒，之後牧場主開心地離開了。

到家以後，牧場主挑選了三隻最可愛的小羊，按照法官的交代，送給獵戶的三個兒子。看到潔白溫順的小羊，孩子們如獲至寶，每天放學都要在院子裡和小羊玩耍嬉戲。因為怕獵狗傷害到兒子們的小羊，獵戶做了個大鐵籠，把狗全部都關了起來。從此，獵戶的獵狗再也沒有騷擾牧場主的羊群。

為了答謝牧場主送羔羊給兒子，獵戶開始送各種野味給他，牧場主也不時用羊乳酪回贈獵戶，漸漸地，他們成了好鄰居。

其實，兩家並沒有什麼深仇大恨，退後一步，不要針鋒相對，關係就可以得到改善。作為鄰居，關係和睦利大於弊。古人說，退一步海闊天空，只要退後一步，從另一個方面看問題，可能又是另外一個境界。

《菜根譚》有云：「人情反覆，世路崎嶇。行不去處，須知退一步之法；行得去處，務加讓三分之功。」大概意思是說，人世間，人情冷暖，世事無常，人生的路也是崎嶇不平，不如意的事情時常伴隨在身邊。因此，當你遇到困難或前路行不通的時候，必須要明白退一步的為人之道。即使你的事業和生活都處在順境中，沒什麼阻礙，也不要得意忘形，應隨時保持讓人三分的胸襟和美德。

清朝康熙年間，有個大學士名叫張英。一年，張英家要蓋房子，地界緊靠鄰居葉家。葉秀才提出要張家留出一條路以便出入，但張家提出，他家的地契上寫明「至葉姓牆」，現在按地契築牆沒什麼不對，即使要留條路，也應該兩家都後退幾尺才行。這時張英在京城為宰相，老家的日常事務都由老管家處理。這位老管家覺得自己是堂堂宰相家的總管，況且這樣築牆也有理可依，而葉家只是一個窮秀才，於是挨著葉家牆根砌起了新牆。這個葉秀才是個倔脾氣，一看張家把牆砌上了，嚥不下這口氣，就把張家告上了縣衙，兩家打起了官司。

兩家勢力懸殊，而且張家也不是無禮，很多人都為葉秀才擔心，怕他吃虧，勸他早點撤訴，但葉秀才就是不聽，堅持把官司打下去。張家管家一看事情鬧大了，就連忙寫了封信，把這事告訴了張英。不久，就接到了張英的回信。信中只有四句詩：「一紙書來只為牆，讓他三尺又何妨。萬里長城今猶在，不見當年秦始皇。」

管家看了信，覺得很慚愧，就告訴葉秀才，張家明天就拆牆，後退三尺讓路。葉秀才根本不相信張家會這麼做。管家就把張英這首詩給葉秀才看。葉秀才看了這首詩，十分感動，連說：「宰相肚裡好撐船，張宰相真是大度量啊。」

第二天一早，張家就把牆拆了，還後退了三尺。葉秀才看了很是感動，就把自家的牆拆了，也後退了三尺。於是張、葉兩家之間就形成了一條百來尺長、六尺寬的巷子，被稱為「六尺巷」。兩家不僅化解了糾紛，還為過路的行人留下了一條六尺寬的通行巷道，大大方便了百姓。如今，這六尺巷已成了和睦謙讓美德的見證。

人情無常，世路崎嶇。人生在世，臨事讓人一步，自有餘地；臨財放寬一分，自有餘味。退一步是前進中的曲折，退一步是過程而不是目的。只要你能夠退一步，勇於退一步，樂於退一步，就能擁有更廣闊的天地。

3 不必凡事都爭個是非黑白

「水至清則無魚，人至察則無徒」，凡事都想爭個明白，無論什麼都看不慣，身邊的人沒一個能容得下，無異於孤立自己、遠離人群，造成自己與他人、與周圍環境格格不入的局面。所以說，做人不可太計較，不必凡事都想爭個是非黑白，否則就會使自己陷於被動。有人明白其中的奧祕，有人卻不得知，這正是有人活得瀟灑，有人活得累的原因之所在。

人與人之間存在各種差異，出現矛盾實在是在所難免。聰明的人都懂得求同存異，小矛盾先忍，不過分與人爭執。這樣不但容易獲得別人的好感，緩和緊張的氣氛，而且一些難題、衝突，往往也會因此「柳暗花明又一村」。

事物由於其特性，在不同人的眼中所展示出來的是不同的形態。當我們因為某物或者某事發生爭執甚至大動干戈時，可能只是因為我們站在了不同的角度，但爭論的後果卻是難以估量的，所以，很多事情根本沒必要非要分個明白。

一天，顏回去街上辦事，見一家布店前圍滿了人。他上前一問，才知道是買布的跟賣布的發生了糾紛。只聽買布的大嚷大叫：「三八就是二十三，你為啥要我二十四個錢？」顏回走到買布的跟前，施一禮說：「這位大哥，三八是二十四，怎麼會是二十三呢？是你算錯了，不要吵啦。」買布的仍不服氣，指著顏回的鼻子說：「誰請你出來評理的？要評理只有找孔夫子，錯與不錯只有他說了算！走，我們找他評理去！」顏回說：「好。孔夫子若評你錯了怎麼辦？」買布的說：「評我錯了，就輸了我的頭。你錯了呢？」顏回說：「評我錯了，就輸了我的冠。」

於是二人找到了孔子。孔子問明情況，對顏回笑笑說：「三八就是二十三啊！顏回，你輸啦，把冠取下來給人家吧！」顏回從來不跟老師鬥嘴。他聽孔子評他錯了，就老老實實地摘下帽子，交給了買布的。那人接過帽子，得意地走了。對孔子的評判，顏回表面上絕對服從，心裡卻想不通。他認為孔子已老糊塗，連這麼簡單的問題都弄不清楚。

孔子看出了他的不滿，說：「我說三八二十三是對的，你輸了，不過輸個冠；

我若說三八二十四是對的，他輸了，那可是一條人命啊！你說冠重要還是人命重要呢？」顏回恍然大悟，說：「老師重大義而輕小是小非，學生還以為老師因年事高而欠清醒呢。學生慚愧萬分！」

孔子之所以說三八二十三是對的，是因為他清楚，這個問題沒必要爭得太明白，說明白了反會傷害到別人。其實生活中有些事情，就好比三八到底是多少，沒必要去爭，自己心知肚明就可以了。

一面肉眼看起來很平的鏡子，在高倍放大鏡下，也會顯出凹凸不平；肉眼看來很乾淨的東西，拿到顯微鏡下，滿目都是可怕的細菌。同理，凡事都想爭個是非黑白，就不能容人，就不會有夥伴和朋友。我們不要對於對錯、是非過於執著。要記住，生活中有時是不需要太明白的。

在生活和工作中有不少場合，你不能太認真，更不能太計較。相反，避開風頭和鋒芒或反其道而行之，衝突反會迎刃而解，氣氛會很快改變，達到新的和諧。做人不要太計較，也不要太鑽牛角尖，這正是有人活得瀟灑的原因所在。

人非聖賢，孰能無過？與人相處就要互相諒解，經常以「難得糊塗」自勉，求大同存小異，有肚量，能容人，你就會有許多朋友，且左右逢源，諸事遂願；相反，「明察秋毫」，眼裡容不得半粒沙子，過分挑剔，什麼雞毛蒜皮的小事都要論個是非曲直，有理不饒人，無理辯三分，人家也會躲你遠遠的，最後，你只能關起門來「稱孤道寡」，成為使人避之唯恐不及的異己之徒。

古今中外，凡是能成大事的人都具有一種優秀的品格，就是能容人所不能容，忍人所不能忍，善於求大同存小異，團結大多數人。他們極有胸懷，豁達而不拘小節，凡事從大處著眼而不會目光如豆，從不斤斤計較，糾纏於非原則的瑣事，所以他們才能成大事、立大業，使自己成為不平凡的偉人。

不過，要真正做到不計較、能容人，也不是簡單的事，需要有良好的修養，需要有善解人意的思考方法，需要從對方的角度設身處地去考慮和處理問題，多一些體諒和理解，就會多一些寬容，多一些和諧，多一些友誼。

4、謙讓於人，實際自己受益

謙讓是一種美德，更是我們生活中不可或缺的生活風度。我們沒必要在任何時候都咄咄逼人，要知道，謙讓於人，自己並不會吃虧，反而會受益。你謙讓他人的話，他人自然也會謙讓於你，所以，謙讓是互惠互利的。我們的謙讓，會換來別人的感謝和微笑，也會讓自己得到快樂的心情。因此，我們應該學會謙讓，養成相互謙讓的良好習慣。況且，謙讓於人，自己也會受益。

在一個寒冷的冬天，一場大雪過後，到處是厚厚的積雪。小兔子的食物也越來越少，牠只剩下一根胡蘿蔔了，一直沒捨得吃。這時牠看到外面的雪人還沒有鼻子，覺得雪人更需要一根胡蘿蔔鼻子，於是就把胡蘿蔔送給了雪人，之後牠就到別的地方尋找食物。

雪人也非常珍惜這根胡蘿蔔，因為有了這根胡蘿蔔鼻子，它感覺很幸福。可是看到在寒冷的冬天小鳥沒有食物，不忍心讓小鳥挨餓，就把胡蘿蔔送給小鳥當作過冬的食物。轉眼春天來了，天氣變暖和了，雪人融化在泥土裡。小鳥把吃剩下的半截胡蘿蔔鼻子種在雪人站過的地方，等兔子回來的時候，過來看顧胡蘿蔔苗的小鳥告訴兔子，這是雪人托牠看顧的胡蘿蔔苗，並且，它屬於兔子。

在寒冷的冬天，兔子、雪人、小鳥由胡蘿蔔巧妙地聯繫在一起，牠們之間發生了一個溫暖的故事。牠們在付出的時候都顧及了他人的需要，並且不計回報，而後來牠們確實又得到了回報。重要的是，這份謙讓，讓彼此的心靈因為充盈著濃濃的情意而增加了一份溫暖。

人生處處都是機會，就看你能不能及時把握。學會謙讓，懂得謙讓，在漫漫的人生長路中，在面對一個個改變命運的機會時，就會比別人多一份淡定、一份從容。度量寬大，待人謙讓，不會輕易去傷害別人，這樣就減少了無謂的競爭，爭取了一切能加以利用的優勢，這些都會在無形中給我們帶來好運。

在一個原始森林裡，一條巨蟒和一頭豹子同時盯上了一隻羚羊。豹子看著巨蟒，巨蟒看著豹子，各自打著自己的算盤。

豹子想：如果我要吃到羚羊，首先必須消滅巨蟒。巨蟒想：如果我要吃到羚羊，首先必須消滅豹子。於是，幾乎在同一時刻，豹子撲向了巨蟒，巨蟒也撲向了豹子。

牠們撕咬在一起。豹子咬著巨蟒的脖頸想：如果我不用盡力氣咬，我就會被巨蟒纏死。巨蟒纏著豹子的身子想：如果我不用盡力氣纏，我就會被豹子咬死。於是，雙方都拚死命地用著力氣。羚羊看到這一切，竟然安詳地踱著步子走了。而豹子和巨蟒則雙雙倒地，兩敗俱傷，全然沒有察覺到羚羊的離開。

獵人看到這場爭鬥，無限感慨地說：如果兩者同時撲向獵物，而不是撲向對方，然後平分獵物，兩者都不會死；如果兩者同時走開，一起放棄獵物，兩者也不會死；如果兩者中一方走開，另一方撲向獵物，兩者同樣不會死；如果兩者在意識到問題的嚴重性時互相鬆開，兩者更不會死。牠們的悲哀就在於把本該具備的謙讓轉化成了你死我活的爭鬥。

古人的一句「吃虧是福」給了我們最簡單的真理——謙讓，並不意味著你會失去什麼，反而會在你沒有意識到的情況下，在你最需要的時候給予你足夠的幫助。謙讓可以化解仇恨，可以消除誤會。人與人之間應該多些謙讓和寬容，而不是爭得你死我活。所以，我們應該擁有一顆豁達之心，讓生命在謙讓中延續，讓人生在寬容中閃光。

有句古語說得好，要想好，大敬小，「敬」在這裡主要的含意就是謙讓，簡而言之，就是處處要謙虛禮讓，無論老幼，不論美醜，你敬人一尺，人敬你一丈，你給別人一個立足之點，也許哪天你得到的回報就是一片天地。

古時候，有個皇帝決定要獎賞臣子們每人一隻羊。但那些羊有大有小，有肥有瘦，要怎樣分配才不至於出現爭議呢？皇帝把這個「難題」拋給了手下的臣子。第二天早朝時，百官們各抒己見，向皇帝提出了很多分羊的辦法。正當百官爭論得面紅耳赤時，宰相默默地來到圈羊的地方，把其中一隻最瘦、最小的羊牽走了。結果，大家在互相謙讓中很快就把羊分了下去。皇帝知道以後非常高興，又加賞給了每位大臣一隻羊。

爭論並不能解決問題，相互的爭吵，無休止的爭論只會讓問題越來越難以解決，甚至陷入無法處理的絕境。那樣的話，不要說利益最大化了，可能連既得的利益都會失去。相反，如果大家一開始就能看清形勢，彼此努力，相互謙讓，這樣不但大家能得到想要的結果，可能還會有意外的收穫。

5 適當彎曲一下又何妨

人生在世，不如意的事有很多。面對各式各樣的壓力，我們要懂得適當彎曲。彎曲就是在生命不堪重負的情況下，像輕柔的小草和堅韌的雪松那樣適時地低一下頭，躬一下腰。只有這樣，才不會被壓垮。就像人們常說的，做人要能伸能屈。因為，不能彎曲的樹易折，不會彎曲的人常敗。適當地彎曲，才能步履穩健，重新挺立，一路走好。

只要稍加注意，就會發現生活中彎曲無處不在，彎曲無處不需。如果一個人做人懂得彎曲，就算是暫時的退卻，也是一種以退為進的策略，會使人更堅韌頑強。如果一個人做事懂得彎曲變通，就算事情暫時無法周全，最後也會終將事成。

要知道，生活中的彎曲，並不是低頭，更不是投降，而是一種和諧的美，是富有彈性的生活藝術。

一位著名的電視主持人在接受採訪時說過這樣一段話。他說，每次和妻子爭吵過後，主動認錯的那個人都是他。記者問他這樣做會不會覺得沒有面子時，他說：成熟的稻穀會彎腰。

他主動向妻子認錯，是因為他把自己定位在一個成熟男人的位置上，而一個成熟的男人彎腰並不是一件沒有面子的事，相反卻是寬容和大度，是對婚姻的尊重，是對妻子的體貼和包容。彎腰與面子沒有必然聯繫，高昂著頭的稻子穀粒乾癟，面子是有了，收穫卻沒有了。稻穀彎腰，預示著豐收，也意味著成熟。

一個成熟的人，要懂得適時彎腰。成熟的稻穀之所以彎腰，是因為它孕育了豐收的果實；成熟的人彎腰，不是示弱，不是乞憐，而是一種仁慈之心的體現，是適時適宜地對他人的理解、對他人的體貼、對他人的謙遜、對他人的關懷、對他人的敬重以及對他人的寬容。

一位留美電腦博士畢業後找工作。原本以為有個博士頭銜，求職的標準當然不能低。結果，他連連碰壁，好多家公司都沒錄用他。想來想去，他決定收起所有的學位證明，以「最低身分」再去求職。不久，他就被一家公司錄用為程式輸入員。雖然這份工作對他來說很容易，但他仍然做得認認真真，一點兒也不馬虎。不久，老闆發現他能看出程式中的錯誤，不是一般的程式輸入員可比的。這時他提出了學士證明，老闆便給他換了個與大學畢業生相稱的工作。又過了一段時間，老闆發現他時常提出一些獨到的有價值的建議，遠比一般大學生要強。這時他又提出了碩士證書，老闆見後又提升了他，讓他處理更難的問題。

再過了一段時間，他對公司的長遠發展提出了獨到的見解。老闆覺得他還是與別人不一樣，就找他談話，此時他才拿出了博士證書。這時老闆對他的水準已有了全面的認識，毫不猶豫地重用了他。這位博士最後獲得的職位，也就是他最初理想的目標。雖然直線進取失敗了，但是他轉了一個彎，最終找到了適合自己的位置。

這就是聰明人的做法——先自降身分，甚至讓別人看低自己，然後尋找機會，全面地展現自己的才華，讓別人一次又一次地對他刮目相看。相反，如果剛開始就讓人覺得你很了不起，對你寄予厚望，可是隨後的表現讓人一次又一次失望，結果會被人越來越看不起。在大多數情況下，別人對你的期望值越高，越容易看出你的平庸；如果別人本來並不對你抱有厚望，你的成績總會容易被發現，甚至讓你一鳴驚人。

在生活中，我們需要適當地彎曲一下，要明白，做人做事需要一點彈性空間。遇到承受不了的壓力時，一味地硬挺，只會讓自己很疲憊。適當地彎曲一下，人生從此就會輕鬆很多。

生活中難免有各種各樣的壓力和煩惱，這才是真實的生活。適當的壓力可以轉化為人生奮進的動力，然而過大的壓力我們將無法承受。遭遇這樣的境地時，要學會彎曲，將壓力化解、釋放，否則會身心疲憊。

一堆巨石被山洪沖到草地上，把一棵小草壓在下面。小草為了繼續生長，再次呼吸到清新的空氣，享受到溫暖的陽光，就改變了原來的生長方向，沿著石間的小縫隙彎彎曲曲地探出了頭，最終衝出了亂石，再次沐浴在陽光下。

要明白，彎曲不是妥協，而是戰勝困難的一種理智的忍讓。彎曲不是倒下，而是為了更好、更堅韌的挺立，這就是彎曲的力量。對智者而言，它是一種彈性的生存方式，是一種生活的藝術和境界。彎曲不是自我毀滅，而是以退為進，是為了讓生命在逆境中鍛鍊得更堅強。學會彎曲，在厄運面前，就能以快樂的態度去面對。學會彎曲，也就學會了用更高的智慧去看清人世的滄桑，學會了如何更好地保護自己。適時彎曲，是調整心態的智慧，會得到意外的收穫。懂得彎曲，就會適當地放低自己，從而給自己贏得更多的機會。

6 改變自己，適應現實環境

很多時候，我們都喜歡假設，假設當初能再堅持一下、假設第一次創業沒有失敗……如果這些假設都能夠成立，那麼這個世界一定會變得非常完美。遺憾的是，人生不過是一張單程票，所有走過的、經歷過的都已成為不可更改的事實和歷史。

有個成語叫「木已成舟」，既已成舟，就意味著「放棄」了其他所有可能的命運，只能以舟的形式存在著，就算不喜歡，也不能改變。既然木已成舟，那麼再多的抱怨也無濟於事，我們就只能接受，接受遭遇的不公，接受生活的真相。就像我們打撲克的時候，無論抓到的是一手好牌還是爛牌，都要想辦法，發揮出最高的水準去贏。要知道，只有勇於接受生活真相的人，才能成為真正的強者。

經常觀看全美職業籃球聯賽的人都知道，黃蜂隊有一位身高僅一百六十公分的運動員，他就是柏格斯——NBA最矮的球星。即便是對普通的男人來說，身高一百六十公分也是一種缺憾，但柏格斯卻接受了自己的身材矮小這個無法改變的事實，毫不氣餒，自信而努力地在「長人如林」的籃球場上競技，並且躋身大名鼎鼎的ＮＢＡ球星之列。

從小就喜愛籃球運動的柏格斯，因天生身材矮小，在一起玩球的夥伴們都瞧不起他。有一天，柏格斯很傷心地問媽媽：「媽媽，難道我就這樣長不高了嗎？」媽媽鼓勵他：「孩子，你會長得很高很高，只要你努力，你一定會成為大球星。」從此，長高的夢像天上的雲在他心裡飄動著，每時每刻都在閃爍希望的火花。

柏格斯一直苦練球技，雖然自己的身高不如其他隊員，但每次自己所在的隊伍總是贏球，柏格斯也逐漸成為了球隊的明星。然而，「業餘球星」根本不是自己的籃球理想，柏格斯的野心更大了，他想進入ＮＢＡ，但是面臨著更嚴峻的考驗——一百六十公分的身高能打好職業球賽嗎？柏格斯橫下一條心，個子矮也能闖天下。「別人說我矮，這反而成了我的動力，我偏要證明矮個子也能做大事情。」

柏格斯在威克．福萊斯特大學和華盛頓子彈隊的賽場上，搶走了從下方來的百分九十的球。有人說柏格斯簡直就是個「地滾虎」，總能飛速地低運球過人。

後來，柏格斯進入了夏洛特黃蜂隊（當時名列ＮＢＡ第三）。在他的一份技術分析表上寫著：投籃命中率百分之五十，罰球命中率百分之九十。

柏格斯能以不高的身高名揚ＮＢＡ，不是靠僥倖或運氣，而是個人的努力和實力。當年柏格斯與肖恩·布萊德利並肩而立，高度的反差形成鮮明對比，成為NBA的宣傳海報，其含義就是告訴所有熱愛籃球的年輕人：來ＮＢＡ，只要你有真本事，不管身高多少都能站住腳。

因此，不要抱怨上天給予自己的不夠多，也不要抱怨自己的命運是如何坎坷，事實上，很多有所成就的人，比如霍金、貝多芬、海倫·凱勒，並不是因為上天多麼垂青他們，而是因為他們勇於接受事實，善於改變自己以適應現實。

在還沒有發明鞋子以前，人們都赤著腳走路，忍受著腳被扎被磨的痛苦。在某個國家，有位大臣為了取悅國王，把國王所有的房間都鋪上了牛皮。國王踩在牛皮地毯上，感覺雙腳舒服極了。

為了讓自己無論走到哪裡都感到舒服，國王下令，把全國各地的路都鋪上牛皮。眾大臣聽了國王的話都一籌莫展，知道這實在比登天還難。即便殺盡國內所有的牛，也湊不到足夠的牛皮來鋪路，而且由此花費的金錢、動用的人力更不知有多少。正在大臣們絞盡腦汁考慮如何勸說國王改變主意時，一個聰明的大臣建議說：國王可以試著用牛皮將腳包起來，再用一條繩子捆緊，這樣國王的腳就不會忍受痛苦了。國王聽了很驚訝，便收回命令，採納了建議，於是，鞋子就這樣發明了出來。

把全國所有的道路都鋪上牛皮，這辦法雖然可以使國王的腳舒服，但畢竟是一個勞民傷財的笨辦法。那個大臣是聰明的，改變自己的腳，比用牛皮把全國的道路都鋪上要容易得多。也就是說，從自身做起，改變自身，就有可能改變一切。我們說，一個人的成長會受很多因素的影響，一個人生活的好壞與周圍的環境有著直接的關係。那麼，如果我們改變不了環境，就要主動地去適應環境。

7 主動道歉，即使錯不在你

在日常生活中，無論做什麼事，我們都希望能把它辦得圓滿一點，不出一點紕漏。然而，生活往往會跟我們開玩笑，使我們期望的結果不僅沒有出現，反而犯了令我們悔恨的過錯，有的過錯甚至讓我們抱憾終生。但是，我們必須明白，所有這些都不值得我們為之抱怨，為之垂頭喪氣。事實上，這就是生活，真實的生活。

所以，在社會生活中，在人與人之間的交往中，就讓我們用一種坦然的心情去面對錯誤，勇於道歉。因為，即使是聖人，也有犯錯誤的時候。

孔子被困在陳國、蔡國之間時，沒有糧食，只能吃些野菜，七天粒米未進，只好白天躺著睡大覺。顏回出去討米，討回來就下鍋做飯。飯快熟的時候，孔子看見顏回從鍋裡抓起一把吃了。孔子假裝沒看見，過了一會兒，飯做熟了，顏回謁見孔子，並且獻上飯食。

孔子站起來說：「今天夢見了先君，所以，飯要乾淨些才好祭祀。」顏回說：「不能用來祭祀了。剛才有菸灰掉進鍋裡，扔掉沾著菸灰的食物是不吉祥的，所以我就抓起來吃了。」孔子歎息著說：「人相信的是眼睛，但眼睛看到的是不可相信的；人依靠的是心，但心裡揣度的還是不足以依靠。弟子們，記住這一條，瞭解一個人確實不容易啊！」

事物是複雜的，表面現象往往具有很大的欺騙性。而認識事物，我們最先接觸的正是表面現象，因此，我們很容易被欺騙，也就很容易犯錯誤。

其實，每個人都生活在一定的關係中，誰也避免不了在人際交往時傷害別人或者被別人傷害。儘管大多數傷害是無意的，但學會道歉和學會接受道歉，仍然是打開通向原諒和恢復關係大門的最有效的鑰匙。

然而，「道歉」一詞在我們文化中的傾向，往往是與「錯」聯繫在一起的，好像道歉就意味著犯了錯誤。更嚴重的是，道歉還常常被視作軟弱和失敗的表現，讓道歉者感到失去自尊。比如說，一些夫妻在出現衝突後，雙方首先想到的都是透過指責對方來為自己辯護。哪怕有些心虛，嘴上也絕不肯吃虧，而是千方百計地找藉口：「要不是你先說……我也不會……」主動「示弱」的事，誰都不願去做。

其實，主動道歉是一種負責任的表現。因為婚姻、家庭、同事、朋友間的矛盾和衝突都需要有人來承擔責任。如果誰都不願道歉，後果將是關係冷漠、疏遠，甚至破裂。特別是在家庭中，父母或配偶「偶然無心的傷害，全都為了愛」——這樣的例子俯拾皆是。如果沒有及時處理，而是任由裂痕停留在關係中，當事人難免會感到憤怒。一旦憤怒積聚成怨恨，有些人就會選擇極端的方式，讓傷害自己的人為他們的行為付出代價。很多家庭破裂和青少年犯罪的案例讓我們想到，當初如果丈夫或妻子能給對方一個原諒自己的機會，如果傷害孩子的父母能夠真誠地表示歉意，悲劇可能就不會發生了。

不過，有些人不願意主動道歉，有可能是受了傳統觀念的影響，也可能是對道歉的理解存在著誤解，而最主要的原因，可能是不少成年人從小就沒有建立起向別人道歉的習慣。

事實上，道歉不僅不會使人丟面子，而且還能幫助提升人的自尊。經常主動地道歉，明白道歉實際上是在為自己的行為負責任，並且幫助他們意識到道歉對維持良好人際關係的必要性，這些都是我們應該而且必須培養的習慣。

道歉的藝術雖然不那麼簡單，但人們可以學會，而且值得去學。當道歉成為一種生活方式的時候，我們都會得到所需要的接納、支援與鼓勵，品嘗到道歉帶來的益處。

第二章

取捨之間，彰顯智慧

「取」是一種本事，「捨」是一門哲學。沒有能力的人取之不足，沒有通悟的人捨之不欲。捨之前，總要先取，取多了之後，常得捨棄，才能再取，所以「取」與「捨」是反義詞，但也是一物的兩面。取捨之間，就是選擇，而人的一生就是在無數個大大小小的選擇或取捨中度過的。喝綠茶還是紅茶，這樣的小選擇固然無關緊要，但在人生之途的一個又一個十字路口上，人做出的每一項重大的取捨，卻又可能決定了大多數人大半生甚至一生的人生軌跡。所以，取捨之間，就是人生；取捨之間，彰顯智慧。

1 捨小利才能換來大回報

「魚與熊掌，二者不可得兼，舍魚而取熊掌者也。」告訴了我們什麼是大利，什麼是小利，什麼是真正的價值，什麼是可以捨去的。要想達到這種取捨的大境界，顯示取捨之間的大智慧，還需要我們站在更高的層面上，從更廣闊的視野去體會、去感悟。

「捨得，捨得，有捨才有得，捨不去小名小利，得不來大眼光大回報；捨不去患得患失，得不來大胸襟大智慧。」失與得，兩者是相對的，也是互補的。連小利都捨不得的，如何去談大回報、大智慧？所以，應該具有長遠的眼光，不要緊抓眼前的小利益，捨不得用小利益去換大回報，擔心換不來大回報，再失去手裡的小利益。

美國加州有位青年。由於他的家境貧困，他從小便到各地做工，省吃儉用，希望存下一筆錢做自己想做的事。在他二十五歲的時侯，手裡有了一些錢，便開始做家庭用品的推銷。

小夥子很聰明，他沒有沿用傳統的推銷方式，而是在一流的婦女雜誌上刊載了「一美元商品」廣告，所登的都是有名的大廠商的製品，而且都是實用的，其中有二十％的商品的進貨價格超出一美元，六十％的商品進貨價格剛好是一美元。所以雜誌一刊登出來，訂單就像雪片似的飛來，他忙得喘不過氣，但是很開心。

當時，他的手上並沒有多少資金，而這種做法也不需要什麼資金，客戶匯款來，他就用收來的錢去買貨。當然，匯款越多，他的虧損就越多。但他在寄一美元商品給顧客時，會再附帶寄去二十種三美元以上、一百美元以下的商品目錄和圖解說明，同時再附一張空白匯款單。

這樣，雖然出售一美元商品有些虧損，但他是以小金額商品的虧損來購買大量的顧客的「安全感」和「信任」，顧客就不會在疑慮的心情之下向他買價格較高的昂貴東西了。就這樣，昂貴的商品不僅可以彌補一美元商品的虧損，而且可以從中獲得很大的利潤。

他的這種以小魚釣大魚的推銷法，捨去小利換來了大回報，達到了驚人的效果。此後，他的生意就像滾雪球一樣越做越大，一年後，他開設了一家禮品公司，以郵購為主。又過了三年，他雇了五十多位員工，公司的銷售額高達數千萬美元。這就是捨一美元帶來的巨大效益。把超過一美元的商品，以一美元的售價賣給客戶，看似是吃虧了，實際上卻贏得了客戶的信任，得到了更多的利益。

美國成功學家安東尼．羅賓在談到李嘉誠時說道：「他有很多哲理性的語言，我都非常喜歡。有一次，有人問李澤楷，他父親教了他什麼樣的成功賺錢的祕訣。李澤楷說父親沒有教他賺錢的方法，只教了他做人處世的道理。李嘉誠這樣跟李澤楷說，假如他和別人合作，如果他拿七分合理，八分也可以，那他拿六分就可以了。」

也就是說，他讓別人多賺二分。所以每個人都知道，和李嘉誠合作會賺到便宜，因此有更多的人願意和他合作。想想看，雖然他只拿六分，但現在多了一百個人，他現在會多拿多少分？假如拿八分的話，一百個人會變成五十個人，結果是虧是賺可想而知。這正是李嘉誠聰明的地方，以捨小利換來大回報。

讓一分利反而十分有利，這一道理看似簡單，但許多人一旦利益當前，就想都擁有，什麼都不願捨棄，從而喪失了長遠的利益。給別人一些小利，一些甜頭，自己偶爾會吃虧，但是天長日久，就會為自己贏得人心，換來更大的回報，甚至可以使一個企業長久不衰。

在美國，西爾斯公司是一家百年老店。歷經多年的風風雨雨，他們的生意是一帆風順，經久不衰。有人很是奇怪，就向老闆西爾斯請教其中的奧祕是什麼。西爾斯說：「我的商店生意好，沒什麼特殊的地方，只是別的商店的經營準則是『貨物出門，概不退換』，而我把它改成『貨物出門，負責到底』。」西爾斯不但這樣說，一直以來也是這樣做的。在他的商店買東西的顧客，無論買了什麼商品回去，要是覺得有懷疑，只要說出理由，並且提出退貨要求，西爾斯總是熱情地答應下來，並且會幫他退換。

他不但自己這麼做，而且對雇員也這樣要求，還制定了一條原則：在接受顧客退貨時，無論顧客有什麼要求，絕不允許與顧客發生爭執。哪怕明明知道顧客是存心搗亂，故意指商店的「油」，西爾斯也會「裝聾裝瞎」，情願自己賠錢而不跟這種人計較。時間久了，得到了大家的信任，一些人也就不好意思總佔他的便宜了，而是經常光顧他的商店。

拋小餌，釣大魚；捨小利，換大回報，是西爾斯商店百年不衰的真正奧祕。精明的推銷者都懂得，買賣的過程實際上是一個互惠互利的過程。如果獨吞好處，讓買方覺得無利可圖，買賣肯定也不會長久，不會做大。

貪圖小利是人性的一大弱點。拿個人消費者來說，假如消費者在購買自己需要的商品的同時，又能獲得額外的獎賞或小利，這對他們來說是很有吸引力的，會刺激他們的購買欲。瞭解了互惠規律和消費者的這一心理，我們就可以針對性地採取「略施小利」的策略，懸「小餌」，釣「大魚」。

2 應該追求美，但不是完美

一個漁夫從海裡撈到了一顆珍珠，他非常喜歡。但令人遺憾的是，珍珠上面有一個小黑點。漁夫想，如果能把這個小黑點去掉的話，這顆珍珠將成為無價之寶。於是，他把珍珠去掉了一層，但是黑點仍在。再剝一層，黑點依然在。最後，黑點沒有了，但珍珠也不復存在。

「追求完美」是一句極具誘惑力的口號，卻也是一個美麗的陷阱。當我們陷進其中以後，才發現原來是一場空。

在追求美的過程中，往往就成了追求完美。人們堅持完美而扔掉了一些他們原本可以擁有的美的東西，但實際上，他們是不可能擁有完美的，雖然他們還在永遠找不到完美的地方到處搜尋。

想找到完美，本是無可厚非的，然而，這種願望落空也是經常發生的。即便是已經找到最好的，那也不等同於完美。

從前，有一個老師父和幾個小徒弟住在一個寺院裡。他們平平靜靜地生活著，與世無爭，怡然自樂。日子一天天地過去了，老師父的年紀越來越大，他知道自己不久將撒手西去，於是便想找一個接班人來代替他管理這個寺院。他決定從平時表現最好的兩個徒弟中選一個來接手寺院。

一天，老和尚把那兩個徒弟叫到跟前，吩咐他們說：「你們去後山的樹林裡各自找一片最完美的樹葉回來給我。」兩個小徒弟不知道師父這葫蘆裡賣的是什麼藥，只好領命而去。山上的樹葉有很多，找片樹葉應該很簡單。

兩人到了樹林以後，一個小和尚想：這裡的樹葉不計其數，可是每一片樹葉都是獨一無二的，那到底怎麼樣才算是完美呢？於是望了望，揀了一片完整的、乾淨的樹葉拿回去給師父。師父笑而不語。另一個小和尚想，這麼多的樹葉，要找一片最完美的，那多困難呀，不過師父交代的事情一定要辦好，可不能像他那樣隨便找一片葉子回去交差。於是便認認真真地找了起來。

可是他找了很久，最後卻空著手回去見師父。師父同樣是淡淡一笑。然後，師父便問那個揀回樹葉的徒弟：「你揀回的這片樹葉是最完美嗎？」徒弟答道：「是的，雖然我並不知道師父您說的完美到底是怎麼樣的，但是在我看來，這樣的樹葉已經算得上最完美了。」師父點頭微笑，然後又問那個空手而歸的徒弟：「你也沒有找到嗎？」那徒弟回答道：「師父，我在樹林裡找了很久，雖然不錯的樹葉有很多，可沒有一片樹葉稱得上最完美呀！」

最後，那個揀回樹葉的徒弟成了接班人。

兩個徒弟都沒能找到師父所說的最完美的樹葉，可是第一個徒弟卻揀了自己認為的最完美的樹葉交給師父。就像他想的那樣，每一片樹葉都是獨一無二的，那到底怎樣才算是完美呢？其實，關鍵就在於自己是怎麼認為的。如果你認為是最完美的，那就是最完美的。這是一種平常心，他們應該具有的，就是這一顆平常心。

生活中又何嘗不是這樣呢？許多人為了追求所謂的完美，付出了很多，失去了很多，可到最後仍然沒有找到完美。就像那個找不到一片樹葉的徒弟一樣，最後才發現，原來並沒有最完美的。

可以說，遺憾與痛苦多是因為追求完美，而忽視了完美是理想化，只有欠缺才是現實的。所以說，不要過分追求完美，因為完美並不存在。

我們應該追求美，但不要追求過分的完美。嚮往美，是人生的理想。不追求過分的完美，則是一種理性的自覺。

曾經有一個很富有的富翁，凡事他都要求最好。

有一天他喉嚨發炎，這不過是一個小毛病，任何一位大夫都可以看得好，但由於他求好心切，不輕易相信醫生，一定要找到一個最好的醫生來為他診治才可以。

為了自己的小病，他花費了無數的金錢，走遍各地尋找醫病高手。他一地一區地走，每個地方都告訴他當地有名醫，但是他認為別的地方一定還有更好的醫生，所以他又繼續再找，一定要找到最好的那個醫生。

好多天以後，他路過一個偏僻的小村莊，此時扁桃腺早已惡化成膿，病情變得非常嚴重，必須馬上手術，否則性命難保。但是當地卻沒有一個醫生，這個富有的人，居然因為一個小小的炎症而一命嗚呼，最後也沒能找到他認為的最好的醫生。

其實，即使是最好的醫生，也是相對來說的，畢竟沒有哪個醫生可以醫治所有的病。況且，他這個病根本沒有什麼大不了，但他卻一味地追求完美，結果卻害了自己。

人生沒有完美可言，完美只是在理想中存在。生活中處處都有遺憾，這才是真實的生活。因而，人不能執著於那種對「完美」的追求之中，這樣可能給我們帶來更多的遺憾。

你應該追求美，應該努力做到最好，但人永遠無法做到十全十美。我們面對的生活是如此複雜，沒有人會從不犯錯。所以，絕對不要強迫自己做一個完美的人。

一個完美的人，從某種意義上說，是一個可憐的人，他永遠無法體會有所追求、有所希望的感受；他永遠無法體會別人帶給他一直夢寐以求的東西時的喜悅，他一直在苦苦追求，最終卻無所獲。

對每個人來說，都不要過分追求完美，這樣做會讓你過多地注意自己的不足。當你花費太多的時間關注自己的不足時，你會發現自己越來越不完美，而你則會失去寶貴的自信。不要追求完美，完美會讓你丟棄那些雖不完美卻有價值的東西。要想擁有更輕鬆的生活，就必須學會不苛求生活中的瑣碎小事，不過分追求完美。畢竟，每個人都不是完美無缺的。我們越早地接受這一事實，就能早一點擁有輕鬆的心態。

3 贈人玫瑰，手有餘香

俗話說，贈人玫瑰，手有餘香，善待別人的同時也是在善待自己。在危難之時，你向別人伸出援助之手，在你困難的時候，別人同樣會幫助你。換句話來說，你若懂得了處處與人為善，也就等於給自己累積下了無數的幸福。

在英國蘇格蘭，有一位心地善良的貧困農民弗萊明。一天，他在田間工作時，忽然聽到附近的土坑裡有人發出呼救聲，便趕忙跑過去，救起了這個求救的男孩。兩天後，一位紳士駕著一輛華麗的馬車來到弗萊明家。原來，男孩的父親是上議院議員邱吉爾，特地前來向他致謝。邱吉爾表明來意後，農夫一再強調，救人是憑良心、絕不收禮，還是請他回去吧。

邱吉爾看出弗萊明並不是故作推辭，並不想從他身上得到什麼好處。剛要離開時，突然看到一位英俊少年從外面進來。得知這孩子就是農夫的兒子後，便對他說：「既然你救了我的孩子，那麼請允許我把你的兒子帶到城裡去讀書吧，我會讓他受到良好的教育。如果他也像你一樣心地善良，將來一定會成為令你驕傲的人！」弗萊明見邱吉爾誠心誠意，便答應了他的這個提議，因為這確實是他需要的，他也希望兒子將來能有所作為。

多年後，農夫的兒子成了發明青黴素，也就是從此結束了傳染病無法治療的歷史的亞歷山大．弗萊明。一九四五年，他因此榮獲了諾貝爾生理學和醫學獎。

這個互助的故事讓人很受啟發。它告訴我們，給別人幫助，自己也將受益。善心只在一念間，而善心所結下的善果，芬芳馥郁，令人垂涎欲滴。誰說前人栽樹只有後人乘涼？種下一粒種子，播種人總能在秋天裡品嚐到甜美的果實。

佛門常講因果報應。其實在現實生活中，所謂的「因果報應」就是心存感激的受惠者對曾經給自己施恩的人的報償。

空曠的街上，一個貧窮的小男孩為了賺夠學費，正挨家挨戶地推銷商品。勞累了一整天的他，此時感到十分饑餓，但摸遍全身，卻只有一角錢。怎麼辦呢？他決定向下一戶人家討口飯吃。當一位美麗的女孩打開房門的時候，這個小男孩卻有點不知所措了。他沒有向女孩要吃的，只乞求給他一口水喝。這位女孩看到他很饑餓的樣子，就拿了一大杯牛奶給他。男孩慢慢地喝完牛奶，感覺舒服多了，誠懇地問道：「我應該付多少錢？」女孩回答道：「一分錢也不用付的。媽媽教導我們，要施以愛心，不圖回報。」男孩說：「那麼，就請接受我由衷的感謝吧！」說完，男孩離開了這戶人家。此時，他感到渾身是勁。其實，男孩本來是打算退學的，但此刻他放棄了這個念頭，他決定要更加勤奮地學習。

許多年之後，那位美麗的女孩得了一種罕見的重病，當地的醫生對此都束手無策。最後，她被轉到大城市醫治，由專家會診治療。當年的那個小男孩，如今已經是大名鼎鼎的霍華德醫生了，他也參加了醫治方案的討論。當看到病歷上所寫的病人來歷時，一個念頭霎時閃過他的腦際，他馬上起身直奔病房，想證實一下自己的想法。

推開門，他一眼就認出床上躺著的病人就是那位曾經幫助過他的恩人。他回到辦公室，決心一定要竭盡所能來治好恩人的病。從那天起，霍華德醫生就特別關照這個特殊的病人。經過努力，手術成功了！霍華德醫生要求把醫藥費通知單送到病人那裡，在通知單的旁邊，他簽了字。

當別人把醫藥費通知單送到這位特殊的病人手中的時候，病人不敢看，因為她確信，治病的費用要花去她的全部家產。最後，病人還是鼓起勇氣，翻開了醫藥費通知單，旁邊的那行小字引起了病人的注意，她情不自禁地輕聲讀了出來：「醫藥費——一杯滿滿的牛奶。霍華德醫生。」她美麗的眼睛頓時濕潤了。

一個人在幫助別人時，投資了無形的感情，別人會牢記你的幫助，只要一有機會，他們就會主動報答你。

在戰爭年代，有一支部隊奉命去攻奪敵人的主要高地。戰鬥打得很激烈，槍林彈雨中，一位連長無意間瞥見一枚手榴彈落在一位小戰士身邊。他絲毫沒有猶豫，不顧一切地衝過去，把小戰士壓在自己身下。只聽見耳邊轟隆一聲巨響，連長抬頭再看時，嚇出一身冷汗。就在他起身後的片刻工夫，一顆炮彈落在了他剛剛匍匐過的位置上，把那裡炸出了一個大坑，如果他在那裡，將必死無疑。而他看到的那顆手榴彈，敵人在將它扔出來時，不知什麼原因，竟沒有拔開蓋子，只是虛驚一場。連長一心想著救小戰士，最後卻救了自己。

事實就是這樣，當我們贈送他人玫瑰的時候，我們的手上也一定瀰漫著愛的芳香；當我們為他人點亮一盞燈的時候，同時也照亮了自己。縱使我們的人生道路坎坷不平，充滿艱辛，但這份善良與關愛就像那能夠溫暖我們心靈的陽光，給我們陣陣溫暖。

就讓我們在前行的同時，隨手攜上一份愛，善待每一個人，將平淡生活中點點滴滴的感動與愛收藏，讓心靈從此多一個寧靜的港灣。

4 選擇夢想，保存信念

夢想是深藏在我們內心深處最深切的渴望，是我們最想要的東西。一旦我們給夢想加上一個實現的時間限制，就成了一個奮鬥目標了。有的人沒有夢想，沒有目標，日子過得平平淡淡；有的人有夢想，但是沒有目標，往往不知道自己下一步該做什麼；有的人有夢想，有目標，但是沒有信念，在碰到困難和挫折的時候，輕易地就放棄了對夢想的追求，半途而廢。只有那些既有夢想又有信念的人，才會堅持不懈地努力，最終獲得成功。

在美國某小學的作文課上，老師給學生的作文題目是《我的理想》。愛幻想是世界上所有孩子們的通性，於是小朋友們都興高采烈地在作文本上寫下了自己的夢想。老師看到一位學生寫道：「我希望自己將來能擁有一座佔地十餘公頃的莊園，在寬廣的土地上種滿如茵的綠草。莊園中有無數的小木屋，烤肉區，還有一座休閒旅館。除了自己住在那裡外，還可以和前來參觀的遊客分享自己的莊園。」

「這簡直是異想天開！」老師搖搖頭，然後在這個學生的作文本上畫了一個大大的紅×，要求他重寫。學生仔細看了看自己所寫的內容，並無錯誤，便拿著作文本去請教老師。

老師說：「我讓你們寫具體的理想，而不是虛無縹緲的幻想。你明白嗎？」

學生點點頭，又疑惑地問：「可是，老師，這就是我的理想啊！」

老師搖搖頭，說：「不！那不可能實現。那只是一堆空想，不是理想。你要重寫！」

學生：「但我不想改掉自己的夢想。」

老師生氣地看著這個固執的學生，然後說：「好吧，你可以選擇固執，但如果你不重寫，我就給你不及格，你要想清楚。」

學生堅定地搖搖頭，認為這就是自己的理想，不願重寫，而那篇作文也就得到了最差的成績。

三十年後，小學老師已經進入花甲之年，他帶著一群小學生到一處風景優美的度假勝地旅行，盡情享受無邊的綠草、香味四溢的烤肉、舒適的住宿。這時，一名中年人走過來和他們打招呼，最後走到小學老師面前，說：「我就是當年那位作文不及格的小學生！」

原來，他們正在遊玩的這個度假村就是這位學生的。老師望著他，想到自己三十餘年來的教師生涯，不禁喟歎：「三十年來，我不知道用成績改掉了多少學生的夢想。而你是唯一堅定自己的夢想並成功實現的學生。」

那位學生堅定自己的夢想，不肯在老師的「威脅」下將其放棄。「走自己的路，讓別人說去吧！」這句話很多人都會說，但是真正做到的人能有幾個呢？人生短短數十載，自己的快樂和成就才是最為重要的。所以，如果你有了夢想，請一定像這位堅持「不改夢想」的小學生一樣，這樣，你才有可能成為另外一位成功的「莊園的主人」。

可以說，各種各樣的「夢想」一直推動著人類前進。夢想是人們的希望，夢想會讓人們擁有力量。昨天的夢想，可以是今天的希望，還可以成為明天的現實。當人沒有夢想的時候，生活將是枯燥乏味的。

在新澤西州市郊的一座小鎮上，一個由二十六個孩子組成的班級被安排在教學大樓最裡面一間光線昏暗的教室裡。他們中的所有人都有過不光彩的歷史：有人吸過毒、有人進過管訓所……老師和學校也幾乎放棄了他們。

就在這個時候，一個叫菲拉的女教師擔任了這個班的輔導老師。新學年開始的第一天，菲拉沒有像以前的老師那樣，首先對這些孩子進行一頓訓斥，給他們一個下馬威，而是為大家出了一道題：

有三個候選人，他們分別是：

A：篤信巫醫，有兩個情婦，有多年的吸菸史，而且嗜酒如命。

B：曾經兩次被趕出辦公室，每天要到中午才起床，每晚都要喝大約一千毫升的白蘭地，而且曾經有過吸食鴉片的紀錄。

C：曾是國家的戰鬥英雄，一直保持素食習慣，熱愛藝術，偶爾喝點酒，年輕時從未做過違法的事。

菲拉給孩子們的問題是：

如果我告訴你們，在這三個人中，有一位會成為眾人敬仰的偉人，你們認為會是誰？猜想一下，這三個人將來各自會有怎樣的命運？

對於第一個問題，毋庸置疑，孩子們都選擇了C；對於第二個問題，大家的推論也幾乎一致：A和B的命運肯定不妙，要嘛成為罪犯，要嘛就是需要社會照顧的廢物。而C一定是一個品德高尚的人，註定會成為菁英。

然而，菲拉的答案卻讓人大吃一驚。「孩子們，你們的結論也許符合一般的判斷，但事實上，你們都錯了。這三個人大家都很熟悉，他們是著名人物——A是富蘭克林．羅斯福，他身殘志堅，連任四屆美國總統；B是溫斯頓．邱吉爾，英國歷史上最著名的首相；C的名字大家也很熟悉，他叫阿道夫．希特勒，一個奪去了幾千萬無辜生命的納粹元首。」學生們都呆呆地看著菲拉，簡直不相信自己的耳朵。

「孩子們，」菲拉接著說，「你們的人生才剛剛開始，以往的過錯和恥辱只能代表過去，真正能代表一個人一生的，是他現在和將來的所作所為。每個人都不是完人，連偉人也有過錯。所以，從過去的陰影裡走出來吧，從現在開始，努力做自己最想做的事情，你們都將成為了不起的優秀人才……」菲拉的這番話，改變了二十六個孩子一生的命運。如今，這些孩子都已長大成人，他們中有的做了心理醫生、有的做了法官、有的做了飛機駕駛員。

值得一提的是，當年班裡那個個子最矮，也最愛搗亂的學生羅伯特．哈里森，後來成了華爾街最年輕的基金經理人。

「原來我們都覺得自己已經無可救藥，因為所有的人都這麼認為。是菲拉老師第一次讓我們覺醒：過去並不重要，我們還有可以把握的現在和將來。」孩子們長大後這樣說。

我們應該從菲拉老師的行為中總結出一個讓我們值得用一生實踐的觀點：過去並不重要，我們還有可以把握的現在和將來。這就是夢想的力量。所以，不管在任何時候，我們都要大膽夢想，大膽追求。

有了夢想，就要全身心投入，腳踏實地地前進。誠然，在追逐夢想的路上會遇到挫折，會有不順利，但追逐一天也不能停。條條道路通「夢想」，夢想發掘潛力，夢想超越自我。夢想的力量是無窮的。如果沒有夢想，世界將失去光澤。

5 合作共贏，摒棄「吃獨食」的想法

當今，全球化、資訊化、網路化不僅加劇了競爭，也促進了合作。在一個共榮共贏的時代，沒有合作共贏能力，只想「吃獨食」的人，最終將失去生存發展的機會。「吃獨食」，想一個人獨佔好處是一種狹隘的心態，它會扭曲你的心理，造成心理貧窮，得不償失。因此，我們應當學會與他人分享，這樣才能利己利人。

農夫的妻子去世了，請無相禪師到家裡來為他的亡妻誦經超度。佛事完畢以後，農夫問道：「禪師！非常感謝你為我太太超度，但是她能從這次佛事中得到多少好處呢？」

無相禪師照實回答：「佛法如日光遍照，不止是你的太太可以得到好處，一切有情眾生無不得益，這你就放心吧。」

農夫聽了很不高興：「可是我的太太非常嬌弱，其他眾生也許會佔她的便宜，把她的功德奪去。能否請您只單單為她一個人誦經超度，不要一起給其他的眾生超度呢？」

無相禪師慨歎農夫的自私，但仍慈悲地開導道：「回轉自己的功德以趨向他人，就如一束光不是照耀一人，一光可以照耀大眾；就如天上太陽一個，萬物皆蒙照耀，一粒種子可以生長萬千果實。要是人人都能抱有如此觀念，就會使很多人蒙受功德，何樂而不為呢？

可是農夫仍然很頑固：「這個教義很好，但還是要請法師破個例。我有一位鄰居，他常常欺負我，能把他除去在一切有情眾生之外就好了。」

無相禪師以嚴厲的口吻說道：「既曰一切，何有除外？」

每個人都想讓自己得到好處，可是農夫容不下別人和自己一起分享好處。但是，好處都想自己佔，怎麼可能呢？我們必須懂得與人分享。

在現實生活中，與人合作可以彌補自己的不足，也可以形成一股力量，完美地解決問題。而孤軍奮戰、不善合作的人，只能獲得有限的成就，只有善於合作、懂得分享的人才能成就轟轟烈烈的大事業。

路易畢業於一所明星大學，專業知識豐富，又經過幾年的市場實戰歷練，使得他羽毛漸豐。經熟人介紹，他到某大城市，在一家大公司市場部就職。由於有扎實的專業知識和先前公司裡累積的工作經驗，大方開朗的他深得上司青睞。一次，公司在內部廣徵市場拓展方案時，經理在分配任務時提醒說，作為嘗試，路易與幾名新人可以每人單獨完成一份，也可以幾個人合作完成一份。

路易對剛進來的「後起之秀」不屑一顧。憑著之前的工作經驗以及對市場行情的掌握，路易決定單挑。他花了整整一星期時間，連休息的時間都不顧了，細斟慢酌，終於完成了方案。自己感覺很是不錯，覺得這正是展示自己才華和能力的大好機會。報告呈上去以後，經理的評價卻出乎他的意料：「適合本地化的東西太少，實戰性不強。不過，思路比較新穎，視野也相當開闊。」隨後，經理把幾名「後起之秀」叫到一起，讓他們將各自的方案放在一起，再進行加工。經理如此「撮合」，是希望他們將各自方案中的主要賣點進行了提煉和重構，新方案將被老總列為備選的最終方案之一。

後來，經理說，他之所以提出如此作法，就是想讓這幾名年輕人能夠合作，取長補短、合作共贏。不料，他們竟然都選擇了孤軍奮戰，結果沒能及時給出一個完美的方案。路易也感慨地說：「在工作的過程中，合作交流是必不可少的。如果一心只想讓自己獨佔功勞，將會欲速不達。」

一個人要想取得成功，除了自己的努力之外，還需要與人合作。如果一個人只知有己，不知有人，那麼他的努力也達不到預期的效果。

功勞人人都嚮往，人人都想將其據為己有，但在大多數情況下，一個好的結果往往是多人配合的結果，而不是一個或幾個人可以完成的。如果你自私地把所有的功勞都攬進自己懷裡，絲毫不給別人，就很容易引起其他人的不滿。以後你的工作如需要別人的幫助，他們也不會心甘情願地幫你，甚至會拆你的台。因此，不要有「吃獨食」的想法，懂得去合作共贏，才會受到他人的喜愛。

強尼在公司可算得上是一個人才，他領導的團隊又為公司的專案開發做出了傑出貢獻。一天，老闆把他叫到辦公室去了，不用說，肯定是要褒揚他。送茶進去的祕書出來後告訴大家，老闆正在誇獎強尼，她從來沒有見過老闆那樣誇獎一個人，兩人談得可高興了。

正在工作的研發小組的其他人很不服氣：「憑什麼呀！那並不是他一個人的功勞！」「對呀！為了這個項目，我們連續加了半個多月的班！」「為什麼有了成績，都成他的了？」大家你一言、我一語地抱怨起來。

正在氣憤的時候，老闆和強尼來到了大廳。「各位同仁們，做得好！」老闆把讚賞的目光投向幾個組員：「趙部長向我誇讚了你們所付出的努力。聽說有兩個人還帶病加班了是嗎？真誠地謝謝你們！大家都辛苦了，這個月你們可以拿到三倍的獎金！」

老闆的話音剛落，研究組的幾個同事就衝過去擁住強尼一起歡呼起來，並表示以後會跟著強尼，為公司繼續努力工作。

的確，作為一個管理者，適當地把功勞讓給下屬，有甜頭大家一起嘗，這樣才能激發起他們的積極性，讓他們覺得自己跟對了人，努力沒有白費，從而支持你走向更大的成功。

然而，當榮譽擺在面前時，有些管理者常常利用自己的地位挺身而出，當仁不讓，好事自己獨佔。似乎只有這樣才能證明自己，才能表現出自己的高大形象。殊不知，一名管理者是否真正成功，得看他手下的人是不是成功，當下屬成功的時候，才表明你這個領導者是成功的。

不單是領導者，任何人都一樣，只有懂得分享的人，才能擁有一切。不論是工作還是生活，我們都要摒棄「吃獨食」的想法，這樣才能贏得更多的成功。

6 不在錯誤中懊悔，而要在錯誤中成長

犯錯是不可避免的，我們不要害怕犯錯誤，只要能從錯誤中吸取教訓，在錯誤中成長，它們就會推動你進步。

當瑪丹娜被問及其成功的祕訣時，她的答案簡潔而精闢：「我犯了許多錯誤，但也從中學會了許多。」的確，犯錯誤是不可怕的，關鍵是要從錯誤中學會成長，以史為見。

其實，人的成長就是一個不斷嘗試、歷經磨練，最終變得聰明起來的過程。只有經歷了失敗的痛苦，才能真正體會到成功的歡樂；只有經歷了失敗的考驗，才有做人的成熟；只有從錯誤中吸取教訓，才能變得更成熟。

美國康奈爾大學的威克教授曾做過這樣一個實驗：把幾隻蜜蜂放進一個平放的瓶子中，瓶底向著有光的一方，瓶口敞開。只見蜜蜂們向著光亮處不斷飛動，不斷撞在瓶壁上。最後，當它們明白自己永遠都飛不出這個瓶底時，就不願再

浪費力氣。它們停在光亮的一面，奄奄一息。

威克教授倒出蜜蜂，把瓶子按原樣放好，再放入幾隻蒼蠅。不到幾分鐘，所有的蒼蠅都飛出去了。原因很簡單，蒼蠅們並不朝著一個固定的方向飛行，它們會多方嘗試，向上、向下、向光、背光，一方不通立刻改變方向，雖然免不了多次碰壁，但最終會從瓶口飛出。

威克教授因此總結出一個觀點：橫衝直撞總比坐以待斃要高明得多。成功並沒有什麼祕訣，就是在行動中嘗試、改變、再嘗試、再改變……直到成功。有的人成功了，只因為他能從不斷的犯錯過程中得到成長。

事實上，勇於承擔錯誤是成功的前提之一，即使所犯的錯誤微不足道，但逃避的心態也會讓你因整天擔心而心力交瘁，而且永遠不可能從錯誤中學習經驗，獲得成長。

其實，聰明人都懂得在恰當的時機勇於承認錯誤，願意承擔責任，只有這樣，才能真正地認識到錯誤，並學會在錯誤中成長。也只有這樣，才會博得他人的理解和尊敬，擁有良好的人際關係，才會在生活中走得順心如意。

英國名叫吉米的「電視廚師」的經歷就清楚地印證了這一點。一九九八年他在BBC剛露面的時候，還是個可愛帥氣的大男孩。由於他把燒菜變成了一種生活藝術，而且在燒菜的時候又表現得很「酷」，以至於有媒體說「整個英國都為他瘋狂了」。他不僅成了能讓年輕人放棄垃圾食品的楷模，而且他出的書還成了人們過生日和耶誕節時的最好禮物。

然而，就如他當年一夜成名一樣，他的名聲也在一夜之間變壞——他竟然成了二〇〇一年度全英最讓人嫌棄的名人。

原本熱愛他的媒體，全都「仇恨」起他來。雖然他的菜譜還受人歡迎，但當報紙再提到他時，已是噓聲一片。

這一切的主要原因，是因為他成了一家超市集團的廣告明星——他把自己的名聲當成了賺錢機器，居然把妻子和朋友們都拉到電視廣告中，以致讓媒體和公眾十分反感。

然而，吉米並沒有因此而一蹶不振，他對自己的突然失寵雖然頗感冤枉，但卻沒有在人們的批評指責聲中灰心喪氣，自暴自棄。相反，在冷靜下來之後，他就開始從人們的批評指責聲中尋找自己重新受到人們歡迎的「法寶」。這個「法寶」在不久後被他找到了，這就是一個人做人必須有社會責任感，必須無私地讓自己的智慧與能力發揮更大的作用。於是他自掏腰包，建立了一個餐館烹任學校。他專門從領救濟金的人中挑選了十五名年輕人來培養，希望把他們培養成一流的廚師，給他們一個光明的前途。他決心每居十五人——就這樣一居接一居地培訓下去。

吉米勇於承認錯誤，並從錯誤中吸取教訓，並努力改正錯誤的態度再次讓他獲得了公眾的喜愛。於是，從批評者到一般公眾，大家都為吉米的成功而欣喜，又重新把最熱情的讚美和最熱烈的掌聲獻給了他。

在現實生活中，每個人都難免要犯錯，那麼，就請分析造成錯誤的原因，做到犯一回錯，長一分見識，增一分閱歷。從錯誤中成長，而不是在懊悔中虛度光陰。

7 選擇安貧樂道，不要過分羨慕富人

當看到高級別墅裡金碧輝煌的燈光，當看到高級車馳騁而過時，你的心裡是不是會生出絲絲羨慕，期望著某一天自己也能過上那種富貴奢華的生活？可能每個人都對財富與奢華的生活有種羨慕，這種羨慕可能會成為人們前進的動力，但是對富貴的過分羨慕卻可能使人走上歧路，會毀了人的一生。

所以，我們要「安貧樂道」。安貧樂道是有志者所具有的一種心無旁鶩、積極進取的姿態，而不是消極處世、自暴自棄。

有一次，孔子對學生們說：「賢哉，回也！一簞食，一瓢飲，在陋巷，人不堪其憂，回也不改其樂。賢哉，回也！」也就是說，顏回是真的賢者。他住在荒僻的巷道裡，過著極其艱苦的生活。他盛飯用的器皿是竹子做的簞，舀水用的器具是木頭做的瓢。這要是落在別人頭上，則是不堪忍受的了，但是顏回始終感到滿足、快樂。顏回確實是個十分賢德的人啊！

我們發現，許多胸懷大志者，大都要經過苦讀苦學的漫長階段，若不是恰巧生於富貴之家，就要忍受長時間的貧窮。而古人著書撰文或進行學術研究，既無稿酬，也無科研經費，並且若不為官，便無俸祿，即使是有了很大的成就，也未必就能以此致富。所以，「安貧」是他們所必須具備的品德，也是實現理想所必須付出的代價。而「樂道」則是他們的志向所在，是堅守自己的信念而不斷努力的基石。若擋不住發財的誘惑，何談「安貧」？若所做之事非自己所願所好，又談何「樂道」？對於那些出身於貧苦之家或遭遇坎坷的人，若不「安貧樂道」，又怎能成其大業？

在這個世界上，人們總是會羨慕自己沒有的東西，如同失敗者羨慕成功者、醜陋者羨慕美貌者一樣，窮人也免不了把富人看作是羨慕的對象。富人的生活似乎在窮人的眼中是神仙過的日子：錦衣、美食、香車、美女，別墅……這一切都讓窮人羨慕不已。然而，財富帶給一個人的有可能是富裕的生活，也有可能是災難，如果你不擇手段地追求財富，財富就有可能不擇手段地對付你。

我們不能過分地羨慕富人，不能過分地追求財富，要明白安貧樂道也是一種幸福。富貴的生活固然很吸引人，但安貧樂道的生活也有值得羨慕之處。因為在這個世界上，財富並不是衡量人成功的唯一指標。富人雖然擁有金錢，但許多東西金錢卻是無能為力的。金錢買不到幸福的生活，買不到健康的身體，買不到真摯的愛情，買不到純真的友誼，買不到聰明智慧，也買不到長生不老。窮人雖然最缺乏的是金錢，但是沒有金錢，窮人也照樣可以擁有許多寶貴的東西。

生活在現實中的平凡的我們，享受安貧樂道，關注當下的生活，才是真正的幸福。安貧樂道是什麼？不是以貧為安，而是在貧中能安，能在貧中堅持自己的人生信條，找到一種心靈的寧靜，並以此為樂。是一個人在困窘的境地中能泰然處之，不會因為貧窮怨天尤人，心理失衡，而是依然孜孜不倦地追求自己心中的人生之道。不是摒棄錢財，不是以貧為樂，而是君子愛財，取之有道。安是一種能力，樂是一種選擇，是對自我的認可，是一種自信，安貧樂道是人在生命過程中的一個認知高度。懂得了安貧樂道的境界，我們就能享受到當下的幸福。

如果你能體會到安貧樂道的幸福，就等於在人生座標上找到了自己的位置。能夠安貧樂道，是一件值得恭喜的事情。懂得安貧樂道，你就能體會到生活的美好。
從現在開始，讓我們也試著品嚐安貧樂道的生活，享受當下生活的美好吧。

8 選擇務實，不切實際的夢想很可怕

水從高原流下，由西向東，海口的一條魚逆流而上。牠的泳技很精湛，游得也很精彩，一會兒衝過淺灘，一會兒越過激流。牠穿過了湖泊中的層層魚網，也躲過了無數水鳥的追逐。牠不停地游，最後穿過山澗，擠過石隙，游上了高原。然而，牠還沒來得及發出一聲歡呼，就在瞬間凍成了冰。

若干年後，一群登山者在高原的冰塊中發現了牠，牠還保持著游動的姿勢。一個年輕人感歎說：這是一條勇敢的魚，牠逆行了那麼遠、那麼長、那麼久。另一個年輕人卻為之歎息，說這的確是一條勇敢的魚，然而牠只有偉大的精神，卻沒有偉大的方向。牠極端逆向的追求，最後得到的只能是死亡。

這個故事給我們的教訓是深刻的，它告訴我們，如果你好高騖遠，那麼就是在人生的道路上犯了一個大錯誤。好高騖遠，凡事總想一蹴而就，不但違反自然規律，而且寸步難行，只會使自己更加失望，加深挫折感。所以，凡事還是應該量力而行，千萬不要好高鶩遠，以免收到相反的效果。

很多年輕人都會說自己有夢想，但問及他們的夢想是什麼的時候，卻會發現他們的夢想有時僅僅是虛無的欲望或「白日夢」，根本不可能實現。

我們提倡把眼光放長遠，要有一個偉大的夢想，但這並不是說我們可以異想天開。有時候，不切實際的夢想比沒有夢想更可怕，它可能會毀掉你的一生。

一位青年大學畢業後，曾豪情萬丈地為自己樹立了許多奮鬥的目標，可是幾年下來，依然一事無成。他滿懷煩惱地去找一位智者傾訴。

當他找到智者時，智者正在河邊的一間小屋裡讀書。智者微笑著聽完青年的傾訴，對他說：「來，你先幫我燒壺開水！」

青年見牆角裡放置著一個很大的水壺，旁邊是一個小火灶，可是周圍卻沒有柴禾，於是便出去尋拾。

他在外面拾了一捆枯枝回來，從河裡裝滿一壺水，放在了灶台上，堆放了些柴禾便燒了起來。可是由於水壺太大，一捆柴禾燒盡了，水也沒有燒開。

於是他跑出去繼續尋拾柴禾，等拾到足夠的柴禾回來時，那壺水已經涼得差不多了。這回他變得聰明了，沒有急於點火，而是再次出去尋拾了很多柴禾。這次，由於柴禾準備得充足，一壺水不一會兒就被燒開了。

這時智者問他：「如果沒有足夠的柴禾，你該怎樣把這壺水燒開？」青年想了片刻搖搖頭。智者說：「如果那樣，就把壺裡的水倒掉一些！」

青年若有所思地點了點頭。「你一開始就躊躇滿志，樹立了太多的目標，就像這個大壺裝的水太多一樣，而你又沒有準備足夠多的柴禾，所以不能把水燒開。要想把這壺水燒開，你或者倒出一些水，或者先去準備足夠多的柴禾。」

青年頓時大悟。回去後，他把原來所羅列的不切實際的計畫一個個刪掉，利用業餘時間刻苦學習相關的專業知識，兩年之後，他的計畫基本上都實現了。

很多時候我們都希望自己能一次把水壺裡的水燒開，其實這樣的想法往往讓我們事倍功半，浪費了更多的時間，卻達不到目標。當然，年輕人好高騖遠是一個正常現象，大家年少時，很多時候都不能正確認識到自己的能力與現實，空虛的幻想常常出現在大家的腦海中。但是，有幻想並不可怕，這充分說明了青少年的思維開闊，但是不能任思想隨便馳騁。

就像黑格爾說的「目標有意義，生活才有價值」。你的夢想如果是一種沒有意義的追求，那麼你最終也不會成為一個有價值的人，你的努力也會白費。

夢想越大，希望越大，失望也就越多，人生之苦皆由此生。沒有實現夢想的人，往往是因為一開始就做了一件自己根本就無法做到的事情。因此，讓我們從一開始就學會放棄那些不切實際的夢想，準確地衡量和評估自己吧！準確地找到自己的夢想，你就會成為一個成功的人。

所以，我們不僅要學會樹立自己的理想、敢於夢想，更要懂得，要樹立切合實際的夢想，並透過努力將其實現。這樣的夢想才是有意義的，這樣的人生才會是成功的。

9 選擇變通，不要固執己見

有位哲人說過：「一扇門關上，另一扇門開了。可是我們常常懊悔地久久地盯著那扇關著的門，以至於看不到另一扇門已為我們敞開。」其實，我們也會發現，一次不經意的變通就能使問題變得豁然開朗，柳暗花明。學會變通，其益無窮。

善於變通的人，能夠使難成之事心想事成，從而讓自己的人生旅途處處順心；能夠在緊要關頭化險為夷，從而讓自己在社交中事事如意。可以毫不誇張地說，做人會不會變通，將決定你的一生成敗。會變通的人做什麼都輕而易舉，難事可變易事；不會變通的人做什麼都四處碰壁，孤立無援，易事也成難事。對我們而言，做事時要學會變通，放棄毫無意義的固執。

兩個貧苦的樵夫靠著上山撿柴餬口。有一天，他們在山裡發現了兩大包棉花，兩人喜出望外。棉花的價格高過柴薪數倍，將這兩包棉花賣掉，足以供家人一個月的衣食。於是，兩人各自背了一包棉花，便要趕路回家。
走著走著，其中一名樵夫眼尖，看到山路上扔著一大捆布，走近細看，竟是上等的細麻布，足足有十多匹之多。他欣喜之餘，和同伴商量，一同放下背負的棉花，改背麻布回家。
他的同伴卻有不同的看法，認為自己背著棉花已走了一大段路，到了這裡丟下棉花，豈不枉費自己先前的辛苦，因此堅持不願換麻布。先前發現麻布的樵夫屢勸同伴不聽，只得自己竭盡所能地背起麻布，繼續前進。
又走了一段路後，背麻布的樵夫望見林中閃閃發光，走近一看，地上竟然散落著數罈黃金，心想這下真的發財了，趕快邀同伴放下肩頭的麻布及棉花，改用挑柴的扁擔挑黃金。
此時，他的同伴仍是那套不願丟下棉花，以免枉費辛苦的論調，並且懷疑那些黃金不是真的，勸他不要白費力氣，免得到頭來一場空歡喜。
發現黃金的樵夫只好自己挑了兩罈黃金，和背棉花的夥伴趕路回家。
走到山下時，遇上了一場大雨，兩人在空曠處被淋了個濕透。更不幸的是，背棉花的樵夫背上的大包棉花，吸飽了雨水，重得完全無法再背，樵夫不得已，只能丟下一路辛苦捨不得放棄的棉花，空著手和挑金的同伴回家去。

由此可見，在很多時候，我們要學會放棄固執，變通行事。比如，我們步行到達一條河邊，河水奔騰不息，擋住了我們的道路，而目的地就在對岸，極目能見，但是面前這條河使我們陷入了困境。執著地用雙腳渡河不但不能成功，反而會使我們跌落河中。此時，我們需改變自己，由步行改為游泳或乘船以到達彼岸。

有一位商人，以推銷裝幀圖案為業。最初，他在向一家大公司推銷裝幀圖案時，幾乎每個星期都要到這家公司跑一次甚至幾次，一跑就是一年多，但是一無所獲。這家公司的主管看過圖案後，總是遺憾地告訴他：「你的圖案缺乏創意，對不起……」

商人說，他幾乎沒有勇氣再登這家公司的大門了。一個偶然的機會，他受一本心理學著作的影響，決定換一種思考方式試試。

商人這次帶著未完成的草圖，再次叩開了這家公司的大門。見到主管，他懇切地說：「先生您看，我這裡有一些未完成的草圖，希望您能在百忙之中抽空給我指點一下，以便我能更好地把這些裝幀圖案修改完成。」

主管答應看一看。幾天以後，這位商人又去見那位主管，並根據他的意見把裝幀圖案修改完成。最後，這批裝幀圖案全部推銷給了這家公司。

商人又用同樣的方法，成功地推銷了許多裝幀圖案。他說：「我現在明白了以前一直無法成功的原因，因為我總是強迫別人順應自己的想法。現在不同了，我請他們提供意見，然後再根據他們的意見將圖案修改完成，這樣，他們對自己參與創造設計的裝幀圖案，自然就很滿意了。」

由此看來，變通能帶來希望，轉機能給人以新生，正如梁啟超所說，「變則通，通則久。」世上沒有辦不成的事，只有不懂得變通辦事的人。成功的機會對每個人而言都是均等的，要想順利成事，獲得成功的青睞，還需要深諳做事、做人之道。做人有學問，其中最大的學問就是懂變通。學會了變通，你就能在做事上勝人一籌。

善於變通的人能夠認識到什麼是機會，並會及時採取行動抓住機會。要培養變通能力，需要以人的洞察力和行動力為武器，要時時與自身固執的心態相抗爭。

事實上，在人的一生中，機會不止一次出現，你需要的只是正確地認識它們。當你為自己確立了目標之後，你真正能做的就是抓住機會。變通，能讓那些令你司空見慣、看似偶然的事件變成真正的機會。對於善於變通的人而言，這個世界上不存在困難，只存在暫時還沒有想到的方法。然而方法終究是會想出來的，所以，善於變通的人更能得到成功的垂青。

10 積極選擇，果斷放棄

可以說，在現實生活中，很多事情都是選擇的結果，而每個選擇也意味著有所放棄。比如每個大學生畢業後，都會考慮是去工作，還是出國，或者繼續考研究所……選擇其中一個，你就得放棄另外的幾條路，甚至可以這樣說，只有當你能夠放棄其他的方式，你才能安心地選擇剩下的一種。

生活就是這樣，在堅持選什麼的同時，也選擇放棄了另一些東西。而人往往就是因為捨不得放棄，選擇才變得異常痛苦。但也正因為捨不得放棄，人生才變得異常沉重，甚至因為不堪重負而過早地衰亡。

一個行囊，如果已經裝得太滿了，就會很沉、很重，很累。一個生命背負不了太多的行囊，拖著疲憊的身軀走在人生大道上，我們注定要拋棄很多。果斷地放棄是面對人生、面對生活的一種清醒的選擇，只有學會放棄那些本該放棄的東西，生命才能輕裝上陣，一路高歌；只有學會放棄煩惱，生活才會充滿絢麗，富有朝氣。

如果一味地糾纏在那些毫無意義的事情上，拚命地追求本該放棄的，到頭來很可能是竹籃打水一場空。

在現實生活中，許多人走不出人生各個不同階段或大或小的陰影，並非因為他們天生的個人條件比別人差很多，最主要的原因在於他們沒有想過要將陰影紙籠扯破，也沒有耐心慢慢地找準一個方向，一步步地向前，直到眼前出現新的洞天。

如果說執著是一種精神，那麼放棄則是一種勇氣和境界。得不到的或不該得的，就該果斷放棄。匆匆的生命，有限的人生，不允許我們四面出擊，分散自己的時間和精力，在大好的時光中忙忙碌碌卻終無所獲。

執迷不悟是一意孤行的固執。與其只知道逃避，不如正視現實，勇敢地放棄那力不從心卻又苦撐硬撐的執著。扔掉擾心的煩惱，忘記失敗的沮喪，封藏痛苦的記憶，堅定地把許多的過去踩在腳下，留在身後。

選擇了瞬間的清醒，就等於選擇了瞬間的成長。及時調整心態，坦然面對失去，正確看待失去，學會忍受失去，讓胸襟更豁達一些，讓眼光更長遠一些，才能真正有所收穫。

人生猶如大海，廣博深邃而又神祕莫測。我們每個人都像孩子一樣在海邊跑來跑去，尋找著美麗的貝殼。有的人，只要是自己喜歡的，便統統裝在懷裡，當發現無法全部帶走時，便在取捨之間猶豫不決；有的人，只要找到一個或幾個自己喜歡的，就心滿意足地回去了；有的人，東挑西揀，也沒有發現自己最喜歡的貝殼，只好帶著無奈空手而歸；有的人，不滿足於沙灘上的貝殼，便走向大海的深處，結果不僅拾到了美麗的貝殼，而且還意外地發現了珍珠……如果是你，你會如何選擇？

回想過去的人生旅途，每個人無時無刻不在面臨選擇。上帝賦予每個人以至高無上的權利，那就是選擇。選擇一個怎樣的人生取決於你自己，它不會告訴你該怎樣選擇，只是善意地提醒你，人生會因選擇的不同而產生不同的結果。

生命的價值就在於，你永遠沒有後悔的機會。所有的快樂和傷痛，所有的微笑和淚水，只代表過去。選擇了希望，就放棄了失望；選擇了今天，就別再留戀昨天。我們為人處世，都是在積極選擇和果斷放棄的過程中進行的。只有學會選擇，懂得放棄的人才是最快樂的。

11 捨下虛榮的人才能成大事

在現實生活中，相信很多人都做過一些捨不下面子的事情：本來是騎自行車上班，但老同學來做客的時候非要借一輛汽車接送人家；本來對於紅酒一竅不通，在女友問起的時候非要瞎扯亂說，以示博學；本來從沒有進過某某高級西餐廳，卻在同事之中大談其牛排味道正宗；本來就不是一個文學青年，卻在新認識的朋友面前侃侃而談納蘭性德沒有李後主婉約……

這都是一個「面子」在作祟。大多數人認為，面子是一個人最重要的東西，丟什麼也不能丟面子，但真是如此嗎？

有這樣一則笑話：據說羅斯福很愛面子，無論在什麼場合，他都要成為人們的注目焦點。「我父親不喜歡參加婚禮和葬禮，」他的兒子有一次說道，「因為在婚禮和葬禮上他既不能做新郎，也不能做死者。」

這雖然是一個笑話，卻體現了一個普遍的社會現象。很多人因為愛面子，不僅很容易鬧出笑話，同樣也很容易得不償失。

在現實生活中，很多人常犯的毛病就是自以為有見解，自以為有口才，逮到機會就大發宏論，把別人批評得一無是處，自己則大呼痛快。其實，這種舉動正是自卑的表現，自以為什麼都會。如果別人指出缺點的話，就會十分生氣，覺得別人不給自己面子。

事實上，別人給你面子並不難，也無關乎道德。大家都是為了和諧發展，給人面子基本上就是一種互助，尤其是在一些無關緊要的事情上。但是，只希望別人給面子，讓自己有面子，是不會進步的。

邁克在對美國媒體談起自己的成功經歷時說，在找工作或創立自己的事業時，許多人第一個考慮的並不是這個職業或行業能不能賺錢，會不會給自己帶來新的機會，而是考慮眼前做這個工作是不是很沒面子。誠然，社會上是有些工作表面上看起來很卑微，但對每一個想有所發展的人來說，任何一項工作都意味著機會，只要你去努力了並堅持下去，生活就會永遠充滿希望，機會的大門也會永遠為你打開。

對每一個想成功的人來說，沒有什麼比要面子更不值的，因為那等於是埋葬自己的機會。事實上，客觀面對現實才是最有面子的。

承認自己的缺點，自己的壓力，自己的困惑，別人才能瞭解你、幫助你，這樣便可發揮事半功倍的效果。如果硬撐著不說，那麼就會一直困惑不前。

《孟子》中有一個故事，說的是有一個齊國人，每次外出，總是酒足飯飽，醉醺醺地回家來，還在妻子面前誇口說，都是在富貴人家喝的酒。但從不見有富貴之人到他家來，所以他的妻子頗為懷疑。一天，這人又出門了，妻子緊隨其後，發現城裡並沒有什麼人同他說話打招呼。後來，這個人到了城外的墳地中，向前來祭奠的人討殘酒和剩菜——這就是丈夫所說的在富貴人家喝酒的真相。

還有的人因為愛面子，所以受了委屈或者吃了虧也不敢說，而且往往到了得不償失的程度。因為愛面子，也怕沒面子，老實人總是千方百計地維護自己的面子，而正是在這一過程當中，他們失去了許多更為有價值的東西，「死要面子活受罪」說的就是這種人。

更不可思議的是，當自己的正當利益受到損害或面臨威脅時，老實人卻因害怕丟面子而束手無策，不敢站出來據理力爭，結果只能看著本應屬於自己的那份利益被人拿走，真是啞巴吃黃連——有苦說不出。

把老實人愛面子的現象歸納起來，我們就會發現一個共同的特徵，那就是，在面子與利益的權衡上，採取一種務虛而非務實的態度，把面子放在第一的絕對不可動搖的位置，自動承受由此帶來的利益上的巨大損失。

實際上，愛面子就是虛榮心在作祟，而虛榮心就是扭曲了的自尊心。這一類型的人表面上表現為強烈的虛榮，其深層心理就是心虛。表面是打腫臉充胖子，內心卻很空虛。表面的虛榮與內心深處的心虛總是不斷地鬥爭著：一方面，在沒有達到目的之前，為自己不如人意的現狀所折磨；另一方面，即使在達到目的之後，也唯恐因真相敗露而恐懼。一個人如果永遠被這至少來自兩方面的矛盾心理所折磨，他們的心靈就會是痛苦的，不會有幸福可言。

虛榮心是人的天性之一。有的時候，它對人是有幫助的。比如，讚揚可以鼓勵人進步、激發人做事的熱情，在原來的基礎上達到更大的成就。

但是要注意，虛榮不可以脫離實際，過度膨脹的虛榮心很容易走向其反面，以致採取不道德或者不合法的手段，去奪取本不該屬於自己的東西，並最終走上毀滅之路。一句話，我們不能被自己的虛榮心所奴役。

生命的價值就在於，你永遠沒有後悔的機會。
所有的快樂和傷痛，所有的微笑和淚水，只代表過去。

第三章

快樂與否，自己決定

快樂是人們對未來充滿信心和希望，而又不斷進取的個性特徵。從心理學的角度來講，快樂的情緒能夠提高人的大腦及整個神經系統的活力，使體內各器官的活動協調一致，使人們對生活中的許多困難產生心理免疫力，從而有利於充分發揮整個機能的潛力，有利於健康和工作效率的提高。

那麼，怎樣才算快樂呢？有人說知足常樂，有人說愛情能使人快樂，有人說家庭會帶來快樂，有人說有了錢就快樂。而有的人從來就沒快樂過，總覺得時運不濟，煩惱無休無止，終日憂心忡忡。其實，快樂是一種心態，是一種對生活的正確態度，快樂由自己決定。

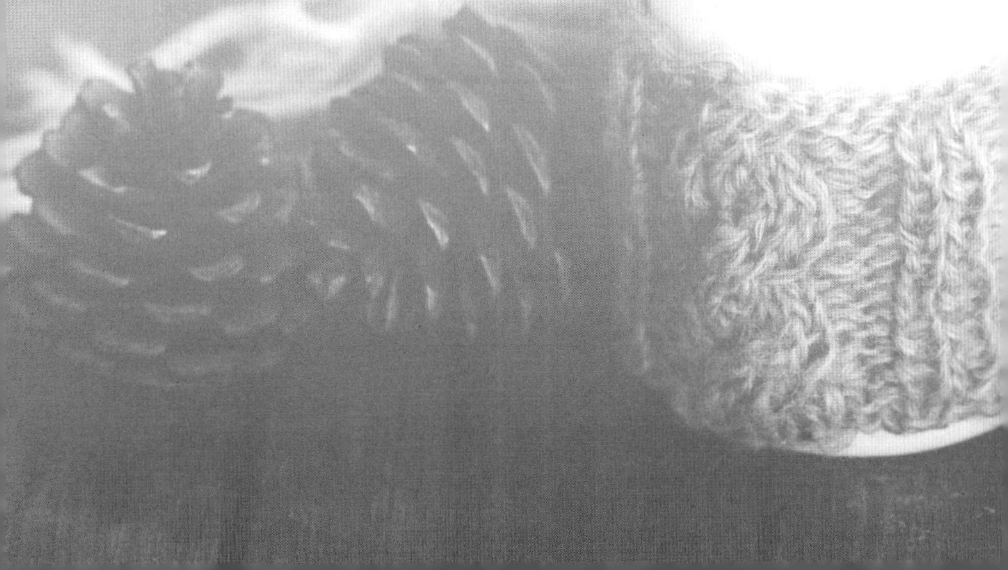

1 快樂是一種角度，樂觀是一種能力

快樂是什麼？不同的人會有不同的詮釋。身居高位者認為成王成侯為快樂，讀書人以高中榜首為快樂，百姓以安居樂業為快樂……

樂觀是什麼？樂觀是一種能力。樂觀的人，即使在困境中，也仍然相信自己是人生的主宰，眼前的困難只是上天對他的考驗。

在今天這個快節奏的社會，大家都生活在「高壓」之下，幾乎每個人每天都面臨著相同的環境，有的人牢騷滿腹，無心做事，而另外一些人卻心情愉悅，在殘酷的競爭中游刃有餘。

一天，在上班時間尖峰期，李小姐乘坐的計程車被卡在車陣中，前座的司機開始不耐煩地歎氣，低聲地詛咒。李小姐覺得這種氣氛有點不舒服，就和司機聊了起來：「最近生意好嗎？」

「好什麼？每天工作十幾個小時，也賺不到什麼錢，真是活受罪！」後視鏡裡，李小姐看到一張拉得很長的臉。她感到有點難堪，覺得自己引出了一個不好的話題，於是就趕緊換下一個話題：「您的車空調很好，讓人覺得很舒服……」

「舒服個鬼！不信你每天坐十二個小時看看，看你還會不會覺得舒服？」

李小姐很尷尬，不再說話了，司機卻開始由原來的低聲詛咒變成了高聲咒罵，從抱怨出租車公司要的抽成太多，到私家車太多，路況太差，幾乎把能罵的都罵了一遍。到了辦公室前，李小姐逃也似的下了車，並記住了那輛車的車牌，發誓再也不會坐這輛「煉獄」般的車。

幾天後，李小姐一家要去野外郊遊，因為人多，所以她就和上高中的小姑叫了一輛計程車。因為上次的緣故，李小姐頗有「一朝被蛇咬，十年怕井繩」的感覺，悄悄地叮囑小姑不要說太多話。小姑看嫂子說得煞有其事，就安靜地坐在後座沒有多說話。

十幾分鐘後，又遇到了塞車。司機打開收音機，裡面流洩出輕柔的音樂，司機嘴裡還輕輕地哼唱。年輕的小姑忍不住好奇地問：「司機看來心情很好嘛！」

後照鏡裡映現出司機微笑著的潔白牙齒：「我每天都是這樣啊，每天心情都很好。」

「為什麼呢？」小姑問：「嫂子說司機的工作既辛苦，收入又不理想，你們都有很多抱怨呢！」

李小姐忍不住戳戳小姑，司機見了，善意地笑了：「沒錯，你嫂子說的是實情。但我比較樂觀，總喜歡換個角度想事情。比如我沒想過公司的抽成多，而且我覺得自己開車，是客人付錢請我玩。就像現在，我就碰到你們，你們花錢請我跟你們到郊區玩，這不是很好嗎？平時，我的工作和家事很忙，很少有時間去郊區。這次你們『請』我去玩，我可以順道看看那裡的景色，呼吸呼吸新鮮空氣，這不是很好的郊遊嗎？」

司機笑著繼續說：「像前幾天我載一對情侶去觀音寺。他們下車後，我也進寺裡拜了拜，還參觀了傳說中長了八百年的玉蘭花，然後又載了兩個外國人回去。反正已經來了，就順便玩一下，更何況是別人花錢『請』我來玩呢！」

李小姐覺得和這樣的司機同車出遊，真是一件幸運的事情，於是，決定跟這位司機要電話，以便以後有機會還坐他的車。接過名片的同時，司機的手機鈴聲正好響起，有位老客戶要坐他的車去機場。

同樣是計程車司機，卻給李小姐留下了截然不同的印象，這一切都是因為情緒的作用。

情緒會散發出一種特殊的氛圍，而且可以傳染。比如，計程車司機的情緒會傳遞給顧客，如果司機經常抱怨或者冷若冰霜，顧客會覺得花錢坐你的車簡直是受罪，生意自然不會好。但如果你一直把快樂掛在臉上，顧客也會受你感染，覺得坐你的車非常舒服，下次當然更願意照顧你的生意，生意自然會越來越好。

籃球巨星科比．布萊恩回到當年自己就讀的小學給孩子們展示球技時，小小的操場被圍了個水洩不通。新分發來的小學老師巴里頓來晚了，站在後面，踮起腳也看不到裡面熱鬧的情景。他非常懊惱，詛咒自己來了這所小學校，好不容易來了名人還看不到。這時，一個非常矮小的身影吸引了他的視線，只見那個小男孩一趟趟地從遠處搬來磚頭，在那厚厚的人牆後面，耐心地堆著一個台子，一層又一層，足足堆了半公尺多高，才登上台子，然後衝著巴里頓一笑，掩飾不住那份喜悅和自豪。

剎那間，巴里頓的心被震了一下——操場上的環境已經不能改變了，自己只是站在外面唉聲歎氣，抱怨不止。而小男孩卻懂得堆一個台子，改變自己的高度，去欣賞比賽。改變一個角度，就可以改變人的心情。那麼，自己為什麼一直在抱怨所處的環境是多麼差勁，卻不曾想到改變自己，他不禁為自己以前的做法感到慚愧。

從此以後，巴里頓滿懷激情地投入到工作中去，踏踏實實，一步一個腳印。很快，他便成了費城有名的傑出教師，還出版了教學案例和教材，令人羨慕的榮譽接踵而來。兩年後，巴里頓被調至州教育廳當了委員，開始從事自己頗喜歡的教學大綱和教材的編寫和管理工作。

其他工作也是一樣，如果你習慣於抱怨自己的工作多麼枯燥，老闆多麼苛刻，每天唉聲歎氣、愁眉苦臉地做事，那麼你永遠也得不到上司的賞識。為什麼不把工作想像成一件快樂的事？它不僅能讓你領到薪水，還會讓你借助這個舞台學到更多的知識和技能，難道不像是帶薪學習的美差嗎？況且，上司也青睞於開開心心工作的員工。所以說，樂觀就是一種能力，一種讓你工作更加順利，更有可能被提拔的能力。

要明白，快樂與否，都是我們自己決定的。自然發展規律告訴我們，物競天擇，適者生存。我們無法改變環境，但可以改變自己的心情。快樂是一種角度，不幸的事情如果換個角度想想，也許就是好事。而這種讓自己時刻快樂的本領，就叫樂觀。樂觀是一種能力，能讓你笑看困境，走向成功。

2 愉快地接納自己

有人說，你之所以感到巨人高不可攀，只是因為你跪著。許多事情別人能做到，你經過努力也能做到，重要的是你要悅納自己，也就是愉快地接受自己的優點和不足，對自己做出肯定的評價，這樣才能充分發揮自己的優勢。

古希臘有個國王，他擁有無數的財寶、至高的權力，但他還是覺得不快樂、不幸福。於是他就去問蘇格拉底，究竟誰是最快樂、最幸福的人呢？蘇格拉底回答說：「自認為是最快樂、最幸福的人，就是一個最快樂、最幸福的人。」

蘇格拉底告訴我們，快樂與否，取決於你自己。就好比許多人喝一罈酒，有的人用金杯盞盛著喝；有的人用漂亮的瓷杯盛著喝；有的人乾脆捧著大碗公豪飲：「好醇好香呀！」快樂的本質在於你接納自己擁有什麼樣的杯子，無論是金杯、銀盃還是大碗，你都可以愉快地拿來暢飲。

泰勒・本・沙哈爾是哈佛大學積極心理學課程的導師。他的積極心理學課程的上課人數遠遠超過了哈佛歷年來的王牌課程「經濟學原理」。

在聆聽這門課的人當中，有百分之二十三的聽課者向教學委員會回饋，這門課「改變了他們的一生」，這是一門「摸得著幸福」的心理課程。一時間，「積極心理學」從美國傳播到英國、羅馬尼亞、以色列、新加坡等國家。為此，本・沙哈爾還根據自己多年的專業學習、親身經歷以及培訓和授課經驗，總結出了關於幸福和快樂的六點祕訣，其中第一條就是接受自己——無論優點還是缺點。

1. 你能接納自己的體貌嗎？如自己的相貌、身高、體重等。
2. 你能接納自己的現狀嗎？如自己的家庭、自己的學習成績等。
3. 你能接納自己的優點和缺點嗎？如開朗、樂觀或內向、孤傲等性格。
4. 你能接納自己的情緒體驗嗎？包括正向情緒（開心、驚喜等）和負向情緒（焦慮、悲傷等）。

也許很多人都會對自己積極的一面感到滿意，比如高挑的身材、俊美的相貌、優異的成績等，這些都是樂於接受的。而對於自身的消極方面，比如平凡的相貌、貧窮的家庭、自卑的性格等，則幾乎沒有人願意接受。

但是，本・沙哈爾博士告訴我們，「積極心理學」就是讓我們接納自己——無論是優點還是缺點。因為不接納自己的人，常常會有某種程度的自我否認和自我排斥。

其實，上天是公平的，祂給了長頸鹿一個長長的脖子，則會給矮小的山羊一個靈活的身軀。所以，長頸鹿雖然可以輕鬆地吃到高高的樹葉，卻無法鑽過矮小的木欄去吃嫩草；小羔羊雖然吃不著樹葉，卻可以順利地鑽進木欄裡，享受嫩嫩的小草。

世上沒有完全相同的兩片樹葉，更沒有完全相同的兩個人。你的五官、身體、膚色等構成了你獨特的生理外貌；你的氣質、性格、能力等構成了你內在的心理狀態。你是世上獨一無二的個體，是構成這個斑斕世界的一份子。

要明白，美女也有微瑕，偉人也有過失，何必強求自己盡善盡美。是雄鷹，就不羨慕在水中暢游的魚兒；是水草，就不妄想到沙漠去生長；是螺絲釘，就不羨慕輪子轉動的自由。每個人都有自己的位置，找到自己的位置是你生活的目的，也是你人生成功的真諦。

每個人都有優點和不足，但有的人發現自己的弱點和缺陷後，就將其當作包袱背起來，總是掛在心上，連自己的優點和長處也看不到。於是，自己的優勢就被缺點、弱點所壓垮，自己的聰明才智、潛在能力就無從發揮。所以，請認識到自己的優點和缺點，並接受全部的自己，愛上全部的自己。

「你喜歡，你高興，花兒努力地開；你厭惡，你憂愁，花兒也努力地開。」快樂是一天，不快樂也是一天，無論你的心情怎樣，花兒每天都在努力地綻放自己的美麗。快不快樂，在於你自己的心情。所以，愉快地接納自己吧，讓自身優勢得到更好的發揮，讓原有的缺點在優勢中顯得微不足道，甚至化為一種優勢上的動力。

3 有一萬條苦悶的理由，也要有一顆快樂的心

人生在世，不如意事十有八九。一位著名的政治家曾經說過：要想征服世界，首先要征服自己的悲觀。

在大海中迷失方向的船隻，船上的人又累又餓，只要看到閃著亮光的燈塔，人們就會欣喜若狂；在沙漠中艱行而久渴的人，只要看到一絲綠意，就會感到快樂；在逆境中掙扎而傷痕累累的人，只要聽到半句鼓勵的言辭，快樂感便油然而生。

人有旦夕禍福，月有陰晴圓缺。人的一生不可能總是風平浪靜、一帆風順，難免會遇到各種挫折和不幸。很多人面對生活中不公平的人和事，會覺得委屈、苦悶。但是，太陽不會因為你的苦悶而不再升起，月亮也不會因為你的懊惱而早早地爬上樹枝。成功者笑看挫折，縱使他有一萬條苦悶的理由，也會保持一顆快樂的心，因為快樂是戰勝困境的法寶。

「我的手指還能活動；我的大腦還能思考；我有終生追求的理想；我有愛我和我愛著的親人與朋友。對了，我還有一顆感恩的心，快樂的心……」

誰能想到這段豁達而美妙的文字，竟出自一位在輪椅上生活了幾十年的重度癱瘓的殘疾人——世界科學巨匠霍金之手。

英國著名物理學家史蒂芬．霍金並不是生下來就坐輪椅的。他本是牛津大學公認最有前途的學生，在大三那年忽然遭遇了一場極大的不幸，他發現自己身上出現了奇怪的症狀——手腳逐漸變得不靈活，有時候甚至會無緣無故地跌倒。在他剛滿二十一歲的時候，人們介紹了一位專家為他診治。專家做了各種各樣的醫學測試，希望能夠找出病因並予以治療。但是，除了判斷出這是一種罕見的多發性硬化症，而且會繼續惡化外，專家也無能為力。霍金卻笑了，他說：「至少我還可以說話。」

然而，上天似乎是故意磨練意志堅定的人。一九八五年，霍金再次遭受了不幸的打擊。他感染了肺炎，醫生不得不為他進行氣管切開手術，也就是在脖子及氣管上直接切口形成通氣孔。斯蒂芬．霍金已經經歷了那麼多痛苦，失去了那麼多，如今又將永遠失去說話的能力，他將要帶著自己虛弱無力的身體，在輪椅上度過餘生。

命運之神對霍金，在常人看來是苛刻得不能再苛刻了：他口不能說，腿不能站，身不能動，但他仍感到自己很富有，還有能活動的手指，能思考的大腦……這些都讓他感到滿足，他仍然保持一顆快樂的心，並對生活充滿了感恩之心。因為有一顆快樂的心，霍金的人生充實而又快樂。

今天，霍金是世界上最著名的物理學家之一，獲得了十多個榮譽學位，是英國皇家協會的特別會員，還獲得了很多獎項和動章。這就是快樂的力量。

親愛的朋友，你還在為自己一直得不到升遷而苦惱嗎？你還在抱怨你的另一半不懂體諒你嗎？你還在為金融危機影響你跳槽內心不暢嗎？和霍金的遭遇相比，你的那些問題又算得了什麼呢！

人生的道路沒有一帆風順的。愛迪生和高爾基雖然失學，但仍然奮發圖強，成為一代科學家、文學泰斗托爾斯泰一生挫折迭起，但仍然看淡生活中的一切不平；居里夫人面對挫折百折不撓，兩次獲得諾貝爾獎……

蝴蝶在破繭之前，體態醜陋而又笨重；黎明將至的一剎那，是最黑暗的時間；偉人沒有成名之前，只是名不見經傳的小角色。天將降大任於斯人也，必先苦其心志，勞其筋骨。所以，很多成功人的背後，都有著比常人更艱辛的經歷。但是他們有一顆樂觀的心，相信這只是上天給他們的考驗。

試想，如果霍金在身患重病之下，一味地抱怨生活給自己帶來的不公，自暴自棄，就此墮落下去，他的生活就不會是我們現在看到的這樣。但是，他沒有煩躁不安，怨這怨那，而是用一顆快樂的心去享受困境，把生活中的這種「不平」化作動力，促使自己不斷奮進。

一個成功的人，是一個可以隨意控制自己情緒的人，而在所有的情緒中，快樂可以最有效地促進成功。所以，縱使你有一萬個苦悶的理由，還是請照樣擁有一顆快樂之心吧！

4 活出快樂，擁有好的情緒

心理學家麥克斯說過，凡在逆境中打不垮的人，都是事業的成功者，也是最能保持樂觀的人。如果一個人遭受失敗都能泰然處之，那麼，每一次的成功必然是快樂、難忘的，他的一生也不會低沉消極，他就能保持樂觀的姿態。人生短暫數十載，智者看透了這點，就活出了快樂，每天擁有好的情緒，讓自己的生活陽光明媚，色彩斑斕。

山裡有一個以砍柴維生的年輕人，誠實勤勞，每天日出而作，日落而息。終於，經過艱辛的工作，他有了一間可以遮風擋雨的房子。山裡的鄰居都為他高興，笑呵呵地告訴他可以娶媳婦了，年輕人很是開心。

一天，年輕人挑著砍好的木柴到城裡交貨，當他傍晚回到家時，卻發現他的房子起了火。雖然左鄰右舍都來幫忙救火，但由於當時風勢過大，大家拚命去救都沒有辦法將火撲滅，一群人只能靜待一旁，眼睜睜地看著熾烈的火焰吞噬了整棟小屋。

當大火終於滅了的時候，大家同情地望著年輕人，一時不知該如何勸慰他。但是年輕人並沒有號啕大哭，也沒有目瞪口呆，他只是在大火熄滅的一瞬間，手持一根棍子衝進倒塌的屋裡，不斷地翻找著。圍觀的鄰人以為他在翻找藏在屋裡的珍貴寶物，就都好奇地在一旁注視著他的舉動。過了半晌，年輕人終於興奮地叫著：「找到了！找到了！」鄰人紛紛上前一探究竟，才發現他手裡捧著的是一片斧刀，根本不是什麼值錢的寶物。

但是年輕人異常興奮地將木棍嵌進斧刀裡，充滿自信地說：「只要有這柄斧頭，我就可以再建造一個更堅固耐用的家。」

有人說，樂觀，是漆黑的航海途中那顆閃亮的燈塔；樂觀，是一望無際的沙漠中那片綠洲；樂觀，是漫漫人生旅途中支撐你走下去的動力。只要擁有一顆樂觀的心，就可以活出快樂，活出希望。

曾經有兩名窮困潦倒的瓦工，在炎炎烈日下辛苦地建築一堵牆。有一路人走過，問他們：「你們在幹什麼？」第一位瓦工頭也不抬，疲倦地說：「我們在砌磚。」第二位瓦工卻對路人燦爛一笑，說：「我們在修建一座美麗的劇院。」

八年後，第一位瓦工仍然是一個瓦工，生活仍然顛沛流離，為人砌磚成為他一生的工作。而第二個瓦工卻成為一個頗具實力的建築師，富有且享有聲譽。

為什麼同是瓦工，他們的成就卻有著如此巨大的差別？關鍵就在於心態。從他們的回答中，我們就可以看到差別。第一個瓦工有點認命和悲觀，他情緒低落，覺得砌牆很辛苦，認為自己天生就該做砌牆的工作，所以，八年後，他還是一個瓦工。而第二個瓦工的心態卻非常好，他不認為自己只是個低級的瓦工，而是把砌牆當作一種藝術。正因為他有一顆時刻快樂的心，所以他能坦然地面對一切並不斷激勵自己，最終成為一個優秀的建築師。

人和動物的最大區別就在於人有理智，人類可以控制自己的情緒。中醫和心理學家都告訴我們，怒傷肝、憂傷肺，悲觀的情緒容易使人衰老，告誡大家要擁有一顆快樂的心和良好的情緒。醫學追蹤發現，快樂療法可以讓癌症病人的生命延長二至八年。所以，請保持一顆快樂的心。

世界文豪湯瑪斯．卡萊爾曾經遭遇了這樣一個故事：他辛辛苦苦寫的一部手稿被侍女當成廢紙在生火煮飯時燒掉了。卡萊爾發現後頓時惱怒萬分，但冷靜後，他反而笑了。稿子反正也回不來了，為什麼只想造成事故的原因，而不去想解決問題的方法呢？於是，他開始靜下心來，逐字逐句地回憶原文，並以更加出色的筆調與文采將書重新寫完。

結果你可能已經猜到了。沒錯！這本被侍女燒掉，又被湯瑪斯重新回憶、潤色的手稿就是當時名噪法國乃至全世界的《法國大革命》，一部跨越時代的鉅著。

試想，如果湯瑪斯．卡萊爾當時沒有控制好自己的情緒，對侍女大加批評和懲罰，然後失望地坐在一邊想「一切都完了」，還能有《法國大革命》的誕生嗎？

湯瑪斯．卡萊爾就是一個很好的情緒控制高手，他沒有因為侍女的一次失誤而失去理智，而是冷靜地找到補救措施。甚至在書稿快回憶完整的時候，他微笑地謝謝侍女燒毀了初稿，因為現在他回憶的稿子文筆更加優美、思想更加豐盈。

可以說，成功的名人與普通人的不同之處，就在於他保持了樂觀的心態，凡事都往美好的一面看，從不知道失敗的可怕。然而，很多人往往在經歷一、兩次小小的挫折時，就歸咎於別人給予自己的不公，埋怨責備，久而久之，就會被這種消沉擊垮，導致缺乏信心，生活一落千丈，當然，也就無樂觀可言了。

大海如果失去巨浪的翻滾，就會失去雄渾；沙漠如果失去飛沙的狂舞，就會失去壯觀；人生如果僅求兩點一線的一帆風順，也就失去了存在的魅力。對每個人而言，都要微笑著面對失敗，不要抱怨生活給予你太多的磨難，不必抱怨學習給予你太多的曲折，不要只看狹小的一面，要放眼世界，樂觀些，不計較一個小小的挫折，即使挫折的次數再多，也要永不言敗，微笑著面對。

可以說，一個人只要有了樂觀思考的習慣和控制自我的能力，便有了克服所有艱難而獲取成功的信心。做自己情緒的主人，就要活得快樂，活得開心，只有這樣，才可以百倍的精力去迎接生活中的每一次挑戰，順利征服一道道關口。

5 你無法改變環境，但可以改變心境

蘇格拉底拿著一個蘋果對學生們說：「請大家聞聞空氣中的味道。」一位學生很快便舉手說「有蘋果的味道」。蘇格拉底走下講台，舉著蘋果慢慢地從每位學生身旁走過，並要求大家仔細地聞一聞，然後蘇格拉底重新回到講台上，問：「空氣中有什麼味道？」大家異口同聲地說：「空氣中有蘋果的味道！」蘇格拉底搖搖頭，然後向大家宣布：他手裡拿的那顆蘋果是假的。

這就是心理暗示的力量。從心理機制上講，心理暗示是一種被主觀意願肯定的假設，它可以影響我們的判斷，左右我們的心情。

一九六八年，羅森塔爾和福德兩位美國心理學家來到一所小學，驗證他們的「聰明鼠和笨拙鼠」的實驗是否成立。他們從一至六年級中各選三個班，在這些學生中進行了一次「發展測驗」。「測試」結束後，他們隨機點出幾個學生，以讚美的口吻稱讚他們智商很高，以後將有更出色的發展，並通知了相關老師。

一年後，兩位心理學家再次來到這所學校進行複試，結果名單上的學生的成績有了顯著進步，而且性格更為開朗，求知欲望更強，積極主動發表意見，與老師的關係也特別融洽。這就是著名的「羅森塔爾效應」或「皮格馬利翁效應」，也有人稱之為「期待效應」。

「羅森塔爾效應」告訴我們，積極的心理暗示可以更有效地挖掘人的潛能，讓一個普通的人改變成優秀的人。而消極的心理暗示則讓人悲觀、自卑，讓一個普通的人更加平庸，甚至更加落後。

心理暗示既然這麼重要，甚至可以改變一個人的前途。那麼，當你無法改變環境的時候，為什麼不試試改變自己的心境呢？

普希金說：「假如生活欺騙了你，不要憂鬱，不要憤慨；不順心時暫且忍耐。相信吧，快樂的日子將會到來。」的確，我們無法改變天氣，無法改變環境，也無法左右他人的思想。但是，我們可以改變自己的心境。要明白，太陽不會因為我們的心情而改變下山的時間，那麼，何不每天保持一個愉快的心情？

安娜是一家電視台的記者，年輕漂亮，又頗有才華，白天進行財經訪問，晚上播報七點半的黃金檔，一切似乎都很圓滿。有一次宴會，安娜不小心和她的頂頭上司——新聞部主管撞衫了。撞衫事件嚴重得罪了主管，於是安娜的節目以不適合播在黃金檔為由，被改在深夜十一點的新聞中播出。

安娜當然知道這是新聞部主管給自己的難題，但她已經給主管道過歉了，但主管仍然不原諒她。「既然改變不了別人的態度，不如改變自己的心境。」安娜是個豁達的人，她不想因為別人的小心眼而影響自己的情緒，就欣然接受了改播時段的安排，並說：「謝謝主管，因為我早盼望六點鐘下班，然後去夜校進修，卻一直沒有機會提。」

從此，安娜果然每天一下班就跑去進修，並在十點多趕回電視台，預備夜間新聞的播報工作。她把每一篇新聞稿都事先詳細過目，充分消化，絲毫沒有任何鬆懈。

由於安娜的認真和努力，她主持的夜間新聞受到了大家的好評，收視率也有了很大的提高。然後，就有觀眾不斷寫信詢問，為什麼安娜只播深夜新聞，不播晚間新聞？不久，消息就傳到了台長那裡，台長找來了新聞部主管，責備了她私自調動班表，命她立刻將安娜調回七點半的黃金檔。

人生在世，每個人都要經過這樣或那樣的難關，沒有誰一輩子會在無風無浪中安度一生。每個人在工作上，都不可能是一帆風順的。打壓下屬的頂頭上司並不少見，當上司故意和你過不去時，的確令人不快。但是，滿腹牢騷有什麼用呢？既然無法改變別人，不如像安娜一樣，改變自己的心境，去適應環境，進而贏得脫穎而出的機會。

人的心情難免會受到外在事情的影響。范仲淹寫過：「不以物喜，不以己悲」。而現實生活中能達到此境界的人少之又少，但這並不意味著我們注定是心情的奴隸，借用一些方法和技巧，我們完全可以左右自己的心情。

快樂與否，全看自己。身處社會，要適應不同的環境，要和形形色色的人打交道。環境不會因為我們的喜好而改變什麼，別人也不可能都是我們所期望的樣子。這個時候，我們無法改變環境和他人，不妨試試改變自己的心境。改變自己，才可以像安娜一樣，遇見更成功的自己。

6 學會操縱自己的「情緒轉換器」

一九九〇年，美國的兩位心理學家比德．拉勒維和約翰．麥耶提出了「情商」的概念。所謂情商，就是指情緒商數，情緒智力，情緒智慧，情緒智慧，也就是我們經常所說的理智、明智、理性、明理。要想掌控情緒，就要學會操縱自己的「情緒轉換器」，因為只有這樣，才能做情緒的主人。

你有過這樣的經歷嗎？考試前焦慮不安、坐臥不寧；受到主管批評後惱羞成怒，羞愧難堪，不願上班；和伴侶或朋友爭吵後，氣得上街亂逛，買一堆不合時宜的東西洩憤……

像上面這樣的行為，偶爾出現一、兩次還是不要緊的，但如果經常這樣，可就要小心了。因為在不知不覺中，你已經成了情緒的奴隸，陷於情緒的泥淖而無法自拔，所以一旦心情不好，就「不得不」坐立不安，「不得不」曠工、「不得不」亂花錢、「不得不」酗酒滋事……這樣做不僅擾亂了自己的生活秩序，也干擾了別人的工作和生活，喪失了別人對你的信任。

喬治結婚兩年，和妻子一直很恩愛，日子過得非常甜蜜。但是在他們的寶寶出生後不久，喬治覺得妻子似乎忽略了他，把全部精力都投入在孩子身上。於是，慢慢地，喬治回家越來越晚，甚至夜不歸宿。偶爾回到家裡，聽到寶貝兒子的哭鬧就更覺得心煩、焦躁，恨不得把兒子的小嘴給堵住。而妻子更是說他不負責任，沒有盡到丈夫和爸爸的責任。次數多了，喬治越來越氣憤，時常頂撞妻子，而且亂摔家裡的東西。一時間，家具的破碎聲，妻子的叫罵聲，兒子的哭喊聲響遍了喬治家的每一個角落。最後，喬治竟然對妻子大打出手，連帶兒子也撞破了頭。

傷痕累累的妻子帶著受傷的兒子向法院訴訟離婚。喬治覺得非常後悔，說自己很愛妻子，請妻子不要和他離婚。但當法官問他是否可以控制自己的情緒，不再打妻子和兒子時，喬治卻不能給予肯定的答覆，兩個人還是離婚了。

對於很多人來講，「情緒」這個詞不啻於洪水猛獸，唯恐避之不及。父母對孩子說：「不要鬧情緒，要好好吃飯。」主管常常對員工說：「上班時間不要帶著情緒。」妻子常常對丈夫說：「不要把情緒帶回家。」……這些話都表達出人們對情緒的恐懼及無奈。

壞情緒是美好的天敵，它讓你莽莽撞撞，衝動愚蠢，稍有處理不當，輕則影響日常工作，重則使人際關係受損，更甚則會導致身心疾病的侵襲。真正健康、有活力的人，是和自己的情緒感覺充分在一起的人，是不會擔心自己一旦情緒失控會影響到生活和他人的人，因為，他們懂得駕馭、協調和管理自己的情緒，讓情緒受自己控制。

炎熱的夏天，在英國一個教堂裡，牧師正在那裡佈道。但由於長時間的佈道和悶熱的原因，許多教徒開始變得昏昏欲睡，有些人甚至開始焦躁不安。這些人中，只有一位紳士，他腰背挺直，看上去精神抖擻，興致勃勃，專注地坐在那裡聽著牧師講道。

終於，佈道結束了。大家走出教堂後，有人問那位唯一安靜聽佈道的紳士：「先生，每個人不是打瞌睡就是低聲抱怨，為什麼你還能聽得那麼認真呢？」

紳士微笑著說：「老實說，我也很想打瞌睡。但是我忽然想到，我為什麼不用它來試試自己的耐性呢？我要學會控制自己的情緒。事實證明，我的耐性非常好，我對自己的情緒也控制得很好。我想，以這種心態去面對生活中的各種困難，還有什麼不能解決呢？」

這位紳士就是後來鼎鼎有名的英國首相格萊斯頓。

德國數學家高斯一生成果累累，其中一個重要原因就是他非常注重控制情緒。在事業發展的頂峰時期，恰逢妻子病危，他抑制悲痛，以更努力的工作來驅散情緒上的陰影。

一個情緒失控的人，不可能對事物的認識有更全面、更準確的見解，更不可能讓自己理智地面對生活中的種種考驗，以及有效地利用自我控制的偉大力量。

著名的心理學家佛洛伊德曾說：「很多人因為情緒失控而失去朋友，也有很多人因為情緒低落而引發疾病。不良的情緒是人們事業和健康的大敵。為了生活和生命的健康，每個人必須學會控制情緒。」

情緒是人對事物的一種表面的、直接的、感性的情感反應。它往往只從維護情感主體的自尊和利益出發，不對事物做複雜、深遠的考慮，這樣的話，很容易使自己處於不利的位置或為他人所利用。

生活中有歡樂也有憂傷，有的人經常看到歡樂的一面，由此而感到生活的主旋律是美好的；有的人卻總是看到憂傷的一面，當然會生活得很不開心。其實，開不開心，全在自己，在於能否掌控自己的情緒，做情緒的主人。只有學會操縱自己的「情緒轉換器」，才可以掌握自己的快樂。

7 不和自己較勁，才能更加開心

人最大的敵人是誰？是自己。其實，誰也無法將你打倒，能打倒你的只有你自己。自己把自己說服了，是一種理智的勝利；自己被自己感動了，是一種心靈的昇華；自己把自己征服了，是一種人生的成熟。可以說，凡是說服了，感動了，征服了自己的人，就有力量去征服一切挫折、痛苦和不幸。所以，要做自己情緒的主人，就要學會不和自己較勁。

下雨了，有三個路人躲在一個尚未拆完的老房子裡避雨。雨一直不停，三人就在房子裡到處閒晃。這時候，他們都注意到同樣的一個情景：一隻蜘蛛在牆上爬，爬著爬著，前面有一塊淋濕了的雨跡，蜘蛛一爬到潮濕的地方就掉下來了，然後又從牆角開始爬，再爬到那個有雨跡的地方又掉下來。如此一遍一遍，周而復始。三個人看到這個場景，都聯想到了自己的生活。

第一個人想：我看到這隻蜘蛛，就像見到了自己。我就像這隻蜘蛛，一生就這樣爬上去再掉下來，一直周而復始地做著徒勞的努力。

第二個人想：這隻蜘蛛真是笨，不會換個地方爬，或者繞過那片雨跡嗎？其實人也是這樣，我們只看到眼前，以為只有一條路，其實潮濕的那一片地方並不大。所以我以後要多看看四周，因為有時候，人生需要繞路走。

第三個人看到蜘蛛後，被深深地感動了：一隻蜘蛛都能這樣不屈不撓，那一個人這一輩子應該有多少能量可以激發？有多少奇蹟可以出現？這一切，都醞釀在自己的生命之中。

三百六十行，行行出狀元。或者說，條條大路通羅馬，為什麼只選擇眼前那條可能並不好走的路呢？

要知道，成功從來不是你一直堅持不放棄就可以了，如果選錯了路，那就永遠無法到達成功的彼岸。只有學會變通，學會說服自己，才能獲得勝利。

人生在世，有的人平平凡凡，但每天快樂無比；有的人事業輝煌，每天卻愁眉不展。每個人都有自己的人生定位，平凡的人雖然沒有太多的財富和權勢，但他覺得現實安穩，歲月靜好，所以快樂；事業輝煌的人，想到還有比自己更成功的人，或者想想不成器的孩子，就愁眉不展。而後者，就屬於和自己較勁的人。人知足方能長樂。所以，請不要和自己較勁，這樣，才可以更快樂一些。

很久以前，有個人叫愛地巴，每當他生氣，想和人發生爭執的時候，就以很快的速度跑回家去，繞著自己的房子和土地跑三圈，然後坐在田地邊喘氣。愛地巴勤勞努力，辛苦勞作，他的房子越來越大，土地也越來越多。唯一不變的是，只要與人爭論生氣，他還是會繞著房子和土地繞三圈。

他為什麼要這麼做呢？很多人都想知道，但愛地巴不肯說。後來，愛地巴老了，他的房子和地已經太廣大了，他再生氣時，已經無法有力氣再跑了。但他還是會拄著拐杖艱難地繞著土地和房子。

一天，愛地巴最疼愛的孫子輕聲地問他：「爺爺，您的年紀這麼大，這附近沒有人的土地比您的更多，可是為什麼您一生氣就要繞著土地跑上三圈呢？」

愛地巴非常疼愛這個小孫子，於是便說出了隱藏在心中多年的祕密。他說：「年輕時，爺爺一和人吵架生氣，就繞著房子和地跑三圈，邊跑邊想：『我的房子這麼小，土地這麼小，我哪有時間，哪有資格去跟人家生氣？』一想到這裡，氣就消了，於是就把所有的時間都用來努力工作。」

小孫子又問：「可是爺爺已經老了，而且是鎮上最富有的人，為什麼還要繞著房子和地跑呢？」

愛地巴笑著摸摸小孫子的頭說：「我現在還是會生氣，生氣時繞著房子和地走三圈，邊走邊想：『我的房子這麼大，土地這麼多，我又何必跟人計較？這不是和自己較勁嗎？』一想到這裡，爺爺的氣就全消了。」

每個人都有很多的奢望，但如果不思考自己的目標是否現實，一味追求過高過虛的目標，豈不是和能力較勁，到頭來沒有實現，反而會自卑失落。所以，想開一點，退一步想，也許一切就真的不一樣。

8 拿得起，更要放得下

巴爾札克說，在人生的大風浪中，我們常常要學船長的樣子，在狂風暴雨之下把笨重的貨物扔掉，以減輕船的重量。

的確，我們常說要拿得起，放得下。拿得起是一種強者的心態，是永不滿足的積極上進。什麼都不想放下的人，往往會失去更珍貴的東西。人不可能什麼都得到，所以要學會放下。而在付諸行動時，「拿得起」容易，「放得下」卻難。

所謂「放得下」，是指心理狀態，就算是遇到「千斤重擔」，也能把心理上的重壓卸掉，使之輕鬆自如。就算有數不盡的財富，也不要整日為它奔波，使自己勞累。要想多一些愉悅，少一些重壓，就要拿得起，更要放得下，不順心的事讓它過去，不必放在心上，這樣才能重拾快樂。

在人生的道路上，很多時候都是得中有失，失中有得。在得與失之間，我們無須不停地徘徊，更不必痛苦地掙扎，應該用一顆平常心來看待生活中的得與失，心裡要清楚對自己來說什麼是最重要的，然後主動放下那些可有可無、沒有意義的東西，求得生命中最有價值、最珍貴的所在。

對世間的每一個人來說，功名、利祿、榮辱、愛恨、成敗、禍福……我們不能否認這一切存在於自己心中，它們是個人自我超越的一種原動力，但是，人一旦執著於此，就會為自己的前進路上增加一個沉重的包袱。所以，該放下的時候，就不要猶豫，而要坦然地放下。

一個年輕人很苦惱，他就背上一個大包裹去遠方尋找幸福。歷經千辛萬苦，他來到一條波浪洶湧的大河前。河上沒有橋，卻有一位白髮老人答應駕獨木舟載他過河。老人問年輕人要去哪裡，年輕人傷心地說要去尋找幸福。

「原來是這樣啊！那你把這個破包裹丟到河裡，然後再去尋找。」老人對年輕人說。

「這可不行，包裹裡面是我一路跋涉中黑夜裡的寂寞、跌倒時的痛苦、受傷後的淚水，靠著它們的陪伴，我才走到這裡。」說話間，年輕人緊緊地抱著自己的包裹。

老人沒再說什麼，只是在過河之後讓年輕人把自己也放進包裹裡。

「什麼？」年輕人以為自己聽錯了。

「既然你什麼都放不下，那我也幫助你過了這條大河，你應該把我也帶上。」老人解釋道。

此刻，年輕人恍然大悟。扔下裝滿痛苦回憶的包裹，頓時，他感到步履無比的輕鬆。更不可思議的是，他的心底湧出了一種幸福的感覺。原來，只要能夠放下痛苦，就會體味到幸福的所在。

人生就是一次旅行，在前行的途中，會看到各種風景，如果把走過、看過的都牢記心上，就會給自己增加很多額外的包袱。經歷越豐富，壓力就越多，還不如一路走來一路忘記，永遠保持輕裝前進。

很多時候我們自己也明白，要是放下了就輕鬆了，但就是放不下，那是因為我們抓著太多的「執著」，豈是想放就可以放得下的。如果一個人真能夠做到「拿得起，放得下」，那就真正稱得上是活得輕鬆、幸福了。所以，我們應該學會「放下」，做一個沒有任何心理負擔的人。

得到了春天，就失去了冬天；得到了成熟，就失去了天真；得到了太陽，就失去了月亮；得到了繁華，就失去了寧靜。世界是公平的，它賜予你一樣東西，就會從你身邊拿走另外一樣。只有真正領會了得與失、拿起與放下的真諦，才可以生活得更加快樂。

拿得起是勇氣，放得下是超脫，一個人背負太重的行囊走在人生的大路上，結果只能是疲於奔命，忽略了生活的美麗。放下，你就可以輕裝前行；放下，你就可以擺脫苦惱；放下，就會沉浸在輕鬆悠閒的寧靜之中。

9 挫折讓生活更加精彩

生活永遠不可能是一條直線，有時，難免要遭遇坑坑窪窪，曲曲折折。多一條彎路，我們就會多一份生活的體會，就會多一份人生的智慧。因為，挫折也是一種不可或缺的人生體驗。

生活就像一道大餐，充滿酸甜苦辣各種味道。在生活這道大餐裡，挫折也是不能缺少的菜肴，缺少挫折的人生是不完美的，因為挫折也是一筆財富。

李．艾科卡的一生充滿著挫折與坎坷。工作了一段時間後，他選擇了做推銷員，開始艱辛的經營自己的事業生涯。

艾科卡努力工作，終於在福特公司獲得了晉升的機會。可是，好日子沒過多久，二十世紀五〇年代初期美國經濟的不景氣便影響到了公司。公司大批裁員，艾科卡又重新做起推銷員的工作。

後來，艾科卡憑著自己的努力，當上了費城地區的助理銷售經理。與公司共患難度過了幾年後，福特公司決定把主要精力放在汽車的安全設備上。艾科卡是這次改革的主要發起者，但是，這次艾科卡失敗了，他遭受了沉重的打擊。

但失敗並沒有影響到艾科卡積極創新的精神，他越挫越勇，又組織開發「野馬」車，創造了汽車銷售史上的奇蹟，艾科卡也因此被稱為「野馬之父」。

正當艾科卡在福特的業績越來越輝煌時，他受到了亨利·福特二世的排擠，被解雇了。不僅如此，由於受亨利的威脅，朋友們也不敢和他來往，這位汽車奇才和他的全家都陷入了極大的痛苦之中。

但艾科卡並沒有向命運屈服，他決心再次尋找施展才華的機會，接受了瀕臨破產的克萊斯勒公司的聘請，擔任總裁。經過幾年的拚搏，克萊斯勒公司走出了困境，一年便盈利幾十億美元。

艾科卡在面對各種挫折時，總能勇敢面對，想辦法克服。在一次次克服困難、一次次起死回生之後，他創造出了一個個「神話」，最終走到了人生的輝煌巔峰。所以說，挫折也可以成為一種經歷，一筆財富，還可能成為前進的動力。

美國國會議員謝里丹剛剛進入國會時，做了第一次演講，著名記者伍德弗爾就對他下了這樣一個斷語：「請原諒我坦率說出自己的看法，我覺得您不適合演講，並奉勸您還是回去做您原來的職業。」「不，」謝里丹手托著下巴，沉思片刻說：「我覺得我很合適，以後你會看到的。」後來，謝里丹不斷學習演講技巧，糾正自己的錯誤，終於使自己成為了一名極富感染力的政治家。

正是謝里丹在國會的第一次演講遭遇了挫折，才使他奮發圖強，成為一名成功的政治家。無獨有偶，美國的「玉米糊大王」史泰雷的故事同樣說明了挫折能使人奮進。

史泰雷在年輕時，只是一家公司的售貨員，雖然地位和薪水都很低，工作量也很重，但他心中有一個不滅的願望，那就是要成為一個非凡的人。一天，他被經理狠狠地訓斥了一頓：「老實說，你這種人根本不配做生意，你徒有一身力氣，卻沒有腦筋，我勸你還是到鋼鐵廠當工人去吧！」

一向小心謹慎、積極主動的他，自尊心被深深地傷害了，他當即答道：「總經理先生，您當然有權利將我辭退，但卻無法消磨我的意志。您說我沒有用，這是你的權利，但這不會減損我的能力。看著吧，有一天我要開一家大你十倍的公司。」果然，多年以後，他獲得了驚人的成就，成了譽滿全美的玉米糊大王。

是的，挫折是人生的一場寶貴經歷，只有經歷了挫折，對人生才能有更深的感悟。

歐文是一位品牌企劃專家。他曾經的工作十分令人羨慕。可是，他卻在大家的一片羨慕聲中做出了一個大膽的決定：自費去留學。

他的行為讓許多人不理解。當面對來自家人、同事、朋友的一片反對聲音時，他說：「我很欣賞《鋼鐵是怎麼煉成的》裡的一句話：『人的生命只有一次，當回顧往事的時候，不因虛度年華而悔恨，也不因碌碌無為而羞恥。』我就想尋找這樣一種感覺。所以，我要在一個新的世界，建立一個新的起點。」

放棄了穩定生活的歐文經歷了留學生活的艱苦和清貧，為了能更好地生活和學習下去，歐文需要比別人多付出一倍的努力。

站在今天的位置，歐文回首往昔時，面帶微笑地說：「在國外的時候真的很窮，我記得是坐了七天七夜的火車過去的，吃的是速食麵，整個人都變得浮腫……經歷真的是最好的財富，我現在體會到了這筆無形的財富。」

的確，經歷就是一筆財富，這筆財富是別人給不了的，也是其他人模仿不來的，更是固守在一個小天地裡得不到的。而人生是由無數次經歷的累積而逐步走向成熟的，只有不斷經歷，不斷嘗試，才能不斷成熟，不斷完善。單一意味著平庸和淺薄，多一份經歷就會多一次磨練，多一次累積經驗的機會。

美國著名成功學專家卡內基認為，在漫漫人生當中，我們可能會遭遇一些不如意的事情。也許每件事情都沒有最差的情況，就看我們怎麼去對待。要明白，這個世界總會有陰暗面，就像一縷陽光從天空照下來的時候，總有照不到的地方。如果我們的眼睛只盯在黑暗處，抱怨世界的黑暗，那麼，我們將只會得到黑暗。

所以，面對挫折，我們應該積極樂觀，正視挫折，在挫折中體會人生的真諦，讓挫折成為人生的一筆寶貴財富。

10

追求簡單的快樂

在現代社會，很多年輕人認為，成功的生活方式就是高消費，就應該進高檔的交際場所，就應該住豪華的房子。似乎已經忘記了簡約生活的快樂，只知道追求奢華的享受。

然而，過度地追求精緻、華貴的生活反倒會讓人陷於無盡的痛苦當中，卻不知簡約才是生活的真諦。但也有一些人能夠獨善其身，在物欲橫流的社會中發現簡約生活的美好。

沙宣看到很多貴族婦女早上起來弄頭髮要弄一個多小時，把繁瑣的頭髮造型當作美來追求，覺得不可思議。沙宣認為，簡單的、能表現個人性格的髮型才是美的。於是他開了一個小小的理髮店，按他的理念來給顧客設計髮型，很快引來無數的追隨者。很多理髮師都採納了沙宣的風格，最後，簡樸的髮型成為世界潮流，「沙宣」也逐漸變成一個理髮、護髮用品的世界品牌。

宜家創始人看到昂貴的成套家具讓多數家庭望而卻步，便發明了用材簡樸，可以自由組合、自己組裝的家具系列，最終風行全球，成為超級連鎖家具企業。還有很多案例可以證明，簡約之美比奢華之美擁有更多的欣賞者和追求者。

梭羅曾說過：「我們的生命不應該擲於瑣碎之中，而應該儘量簡單，儘量快樂。」

艾迪是一位很成功的商人，他想要更大地擴展商業版圖，把生意做到太平洋的西邊去。可是就在前往西岸的考察途中，他和他的同事突遇災禍，被困在太平洋中，毫無希望地在大海中漂流了二十一天，最後才獲救。

這次事件後，艾迪好像變了一個人，他縮減了自己貿易公司的業務，開辦了一家養老院，每天和老人在太陽底下喝咖啡、聊天、唱歌、下棋……笑聲不斷。

當有人問他為什麼這樣做時，他回答說：「我從那次海上遇難的事件中學到了最重要的一課，那就是，如果你有足夠的新鮮的水可以喝，有足夠的食物可以吃，就不要再奢求任何事情。」

在不停奔跑的你，是不是有時候也要停下追趕的腳步，環顧一下四周呢？其實，我們身邊的每個角落裡都躲藏著真實而美好的生活，只要用心去體會，就能感受到快樂。一味地追趕並不代表就能擁有一切，擁有一切也不代表就一定會幸福。

對於每個人而言，人生不應當永不知足，也不應當排得太滿。太滿便沒有空間去享受生活，會讓心靈衰老得更快。過簡單的生活，主動摒棄一些東西是成熟的表現，那是因為我們知道自己要什麼而不要什麼。在適當的時候，我們應該嘗試中庸之道，過著簡約生活。還原生活的本真，真實體驗生活中的自由、輕鬆和屬於生命自身的意義。適當地放慢腳步，給生活多做減法，生活才會從容，身心才會舒暢。或許，這樣的簡約生活才能讓我們體會到生命的真諦，實現快樂的生活。

有人說，簡約的平淡，如一幅動人的水墨畫，底色是淡的、淺的黑，一底子的水墨中卻有天藍的一抹，那是跳動的亮色。

簡約的平淡，如一幅淡淡的素描圖，淡淡的幾筆黑色線條，勾勒出的卻是淺淺的臉、美麗的眼，那是紙上呼之欲出的生動。

在這個充滿著種種壓力與浮躁的現代都市叢林中，請試著學會中庸之道，嘗試簡約生活吧。

11 從眾心理會讓你越活越累

美國心理學家所羅門．阿希設計過一個實驗：他請了幾個大學生自願做他的實驗對象。還有其他五個人是事先串通好了的假試者。

阿希要大家做一個非常容易的判斷——比較線段的長度。他拿出一張畫有一條豎線的卡片，然後比較這條線和另一張卡片上的三條線中的哪條線一樣長。判斷共進行了十八次，但在兩次正常判斷之後，五個假試者故意異口同聲地說出一個錯誤答案。

結果，有百分之七十六的人至少做了一次從眾的判斷。當然，還有二十四%的人一直沒有從眾，他們是按照自己的正確判斷來回答。

這就是所謂的「從眾心理」。在現實生活中，要使一個人相信並堅持自己的判斷並不容易，因為每個人的內心深處都沒有足夠的安全感，所以我們要尋求認同。可是，如果過分求同，就可能使我們失去創造力。

有人調查闖紅燈，發現了一個有趣的現象：在十字路口，當對面的紅燈亮起時，有一位行人立即停止了前行的腳步。但當另一個行人若無其事地從他身邊走過去時，也許猶豫了一下，也許根本沒有猶豫，他也會立即緊緊跟上，然後，更多的人也會對紅燈視而不見，心安理得地穿過馬路。這也是人的從眾心理在發生作用。

由從眾心理而引發出的現象，幾乎每個人都會在一定的場合自覺或不自覺地表現出來。比如一般的人參加會議，總是習慣性地坐在後面，似乎約定俗成前面一排就是高層或重要角色才能去坐。於是在很多時候，主持會議的人不得不下令最後幾排的人統統坐到前面來，否則會議室稀稀落落不像樣子。還有我們常常會在街頭看到一群人圍在一起，於是也耐不住好奇心去瞧瞧熱鬧，結果人越圍越多。實際上，可能只是有人摔了一跤，爬起來繼續走路就是了，卻遭來圍觀、堵塞交通。

從眾心理是一種跟隨流俗、不獨立思考、盲目跟從的心態。具體到行為上，就是人云亦云、人為亦為。應該說，在多數情況下，這種心理要嘛是不自信的表露，要嘛是自私自利的表露，是不必要、不健康甚至是相當有害的。

我們可以毫不誇張地說，社會上的許多不文明現象，之所以根治不了，除了法律因素，最主要的就在於人們受從眾心理的影響——他人做得，我為何做不得？於是，處處可見違規違法的現象，而法又常常難以責眾，畢竟要角角落落都顧到，執法的成本太高，難免顧此失彼。

對每個人來說，都不要盲目地試圖從順從對方的角度影響對方。因為，任何人都不想聽從普通人的指揮以及順從普通人做事情，而是喜歡聽從有權威的「專家」或「專業」人士的建議、觀點及做法。

所以，在生活當中，人們會習慣性地效仿他人，進而失去了自我。從影響力的角度講，當一個人失去自我的時候，也便不能更好地影響他人。只有擁有自我，才能征服自己，影響自己，進而更有效地影響他人。所以，當你試圖影響他人成為自己的跟隨者時，首先要成為自己的跟隨者。身為著名指揮家的小澤征爾，便曾用這樣的方式有效地影響了評委。

日本著名指揮家小澤征爾，有一次去歐洲參加指揮大賽。他一路過關斬將，最終進入了前三名的爭奪中。在決賽中，評委交給他一張樂譜，讓他按照樂譜演奏。當他指揮到一半的時候，突然發現樂曲中出現了不和諧的地方。他以為是演奏家演奏錯了，便臨時指揮樂隊停下來，重新演奏一次，結果他發現仍然有不和諧的地方。

小澤征爾向評委提出了疑問。這時，在場的權威且知名的評委鄭重其事地告訴他，樂譜沒有問題，是他的錯覺，讓他繼續演奏，不用在乎這麼多。面對眾多國際知名的音樂權威人士，他一度懷疑過自己的判斷，但考慮再三後，他仍然堅信自己的判斷是正確的。於是，他大聲地對評委說：「不，一定是樂譜錯了！」

話音剛落，評委們立即向他報以熱烈的掌聲，並鄭重地宣布他在此次大賽中奪魁。事實上，這是評委們精心設計的「圈套」，他們的主要目的是要考察指揮家們在發現錯誤後能否堅信自己的判斷。

心理學上認為，如果人們太輕易進行從眾行為，那麼勢必不會更好地向他人施加影響，因為幾乎沒有人會對一個人所共知的道理產生興趣。所以，過分的從眾能夠扼殺個人的獨立意識和判斷力。當一個人沒有自己獨特的思想、意見、觀點時，又能拿什麼去影響他人呢？

不過，從眾心理也不能一概而論，有的時候還是有其積極的一面。比如我們到一個新公司去工作，任何一個公司都會有其特定的工作氛圍、運轉秩序和人際關係，有些事情不會明白地告訴你該怎麼做怎麼說，但你卻得「入鄉隨俗」，主動適應，否則難免歸入「另類」，處處碰壁。

所以，我們應該學會獨立思考，自主判斷，做出合理的行為選擇，擺脫「從眾心理」的影響。有的時候，我們也要發揮「從眾心理」中的積極因素，在為人處事時符合大多數人的需要和利益，在合作中獲得更好的發展。

12 培養幽默感，讓自己更快樂

在人生的道路上，挫折和失敗是常有的事，如果不提升忍受挫折的心理能力，則焦慮和緊張就會常常困擾我們的身心。假如你擁有幽默，也就具有了隨環境變化不斷加以調節自我心理的有力武器，即可利用幽默減輕生活中因失敗帶來的痛苦。

有位年輕人，一面查看那輛嶄新摩托車被撞後的殘骸，一面對周圍的人說：「唉，我以前總說，有一天能有一輛摩托車就好了。現在我真有了一輛車，而且真的只有一天。」周圍的人哈哈大笑起來。對這個年輕人來說，車被撞已無可挽回，但他並沒有因此而不開心，而是利用幽默的力量，既減輕了自身的痛苦和不愉快，又給圍觀的人帶來了歡樂。

幽默常會給人帶來歡樂，其特點主要表現為機智、自嘲、調侃、風趣等。確實，幽默有助於消除敵意，緩解摩擦，防止衝突升高。還有人認為幽默能激勵士氣，提高生產效率。美國科羅拉多州的一家公司透過調查證實，參加過幽默訓練的中層主管，在九個月內使生產量提高了百分之十五，而病假次數則減少了一半。

在醫學界一直有種說法：有幽默感的人，不但抵抗力強，而且壽命相對也比較長。這應該有它特定的道理，有幽默感的人容易給自己快樂，也可引導他人快樂。相對而言，有幽默感的人，有自信心，懂得自我肯定。

幽默是智慧的火花，是瞬間的靈思。幽默的語言可以化解尷尬的場面，也可以於談笑間有警世的作用，更可以作為不露聲色的自衛與反擊。

比如，在某個國家曾發生過議員之間爭鬥的事，有人提議入場者應該把枴杖掛在門口。議長覺得左右為難。若是表決，無論結果如何，都是不愉快的。於是，他急中生智，笑著說：「如果為了防止不正當的動作，就要把枴杖掛在會場門口，那麼，每個人的嘴也應該掛在門口，手腳也該放在保管處。」他的話引得全場大笑，提議者也在一笑之間擺脫了尷尬的處境。

伏爾泰總是讚賞某人的作品，而那個人卻總是刻薄地批評伏爾泰。當有人向伏爾泰說出這件事情的時候，他只是一笑說：「我們雙方都弄錯了！」短短幾個字，就用幽默化解了尷尬，又做了有力的反擊。

如果有的人是禿頭，又不懂得幽默，那麼當別人拿他的禿頭開玩笑時，可能就會不高興。相反，懂得幽默的人，就會是另外一種情景。有一位禿頭的報紙主編，當別人笑稱他聰明透頂時，他會笑著回答：「你小覷我也，我早就『絕頂』了！」

所以說，人要有幽默感，人們越富有幽默感，越會胸襟寬敞、充滿智慧。但要記住，一個幽默者最重要的條件就是擁有健全的人格。因為，幽默並不是諷刺，它帶有溫和的色彩，卻不刺傷人。它可能是以別人和自己為幽默對象，在這當中便顯示了幽默與被幽默的胸襟和自信。總之，不管在任何時候、任何場面或遇到任何事情，請記得給自己一點幽默，既快樂自己，也快樂別人。而且，經過實驗證明，有幽默感的人事業會更成功。

一般來說，具有幽默感的人在日常生活中的人緣都比較好，因為他們可在短期內縮短人際交往的距離，贏得對方的好感和信賴。有幽默感的人在工作中總能保持良好的心態。據統計，那些在工作中擁有成就的人往往並不是最勤奮的人，而是善於理解他人的有幽默感的人。具有幽默感的人更樂觀、更豁達，他們利用幽默消除工作帶來的緊張和焦慮，而缺乏幽默感的人只會默默承受痛苦，甚至難以解脫，這無疑增加了自己的心理負擔。

顯而易見，人們具有幽默感有助於身心健康，因此要善於培養幽默感，從自我心理修養和鍛鍊出發來提升自己。釋放、開闊心胸，不要對自己有不切實際的過高要求，不要過於在意別人對自己的看法。要學會善意地理解別人，正確地認識自我。不論身處什麼樣的環境，總能保持一種愉悅向上的好心情。

那麼，怎樣才能掌握幽默的技巧呢？

首先，必須要先「幽自己一默」，即自嘲，開自己的玩笑；其次，要發揮想像力，把兩種不同的事物或想法連接起來，產生意想不到的效果；另外，提高語言表達力注重與形體語言的搭配和組合，也是提升幽默感的必要條件。

總之，如果在交往中能逐步掌握幽默技巧，會巧妙地應付各種尷尬的局面，就能很好地調節生活，甚至改變人生，使生活充滿歡樂。

我們身邊的每個角落裡都躲藏著真實而美好的生活，
只要用心去體會，就能感受到快樂。

第四章

活在當下，享受幸福

活在當下，活在此時此刻，這是獲得幸福百試不爽的訣竅。生活中從不缺少幸福，只是缺少發現幸福的眼睛。幸福盲如同色盲，把絢爛的世界還原成了模糊的黑白照片。拭亮你幸福的瞳孔，就會看到幸福的所在。

活在當下並不是不去回憶往昔或預想未來，而是專注於當前的人和事。要想獲得幸福，就請活在當下。只有臣服於當下，抓住此時此刻，才能擁有真正的自我，才能享受幸福。

1 幸福的感覺從心開始

在塵俗世中，總有許多不甘寂寞的心，抱怨生活的平淡無奇，日子的索然無味。於是燈紅酒綠中，多了些買醉的身影，麻痹了的心靈生不出詩情畫意的風花雪月，曾經的美好被滄桑所替代。

哲人說，幸福的感覺其實從心開始。那麼，請在匆忙的旅途中偶爾停下腳步，聆聽一下心的聲音，讓心在自然中感受萬物的輪迴與四季的交替，讓心在俗世中來一次清新的飛舞，洗去鉛華塵封，還原一份明淨。這時你會發現，原來自己一直追逐的不過是可以輕輕揮灑的浮塵。

心理學家說，幸福與哀愁通常會同時敲響人的心門，你把誰邀請進來，你就將與誰同在。

有一個善良的人，雖然他並不富有，但總是力所能及地幫助別人。看到別人從愁眉不展到滿臉輕鬆歡喜，他就很開心。他認為，幸福不在於你有多富有，或擁有多少權勢，而是心靈的感受。幸福的關鍵在於助人，在於給予。

第一天，天使看到一個農夫蹲在田裡哭。聽說他的馬病了，沒有馬幫忙犁田，農夫就不能播種。於是，天使的手輕輕一揮，農夫的馬兒又活蹦亂跳了，農夫很高興，天使在他身上感受到了幸福的味道。

第二天，天使看到一個商人在哭，問了才知道，商人在異鄉被人騙了錢，連回家的路費都沒了。於是天使送給他銀兩做路費，商人很高興，天使在他身上也感受到幸福的味道。

第三天，天使看到一個畫家在鬱悶地向河裡丟石子，很不開心的樣子。天使想，畫家年輕英俊、有才華而且富有，妻子貌美又溫柔，怎麼會不快樂呢？於是天使就問他：「你不快樂嗎？我能幫助你嗎？」畫家對天使說：「我什麼都有，只欠一樣東西，你能夠給我嗎？」天使回答說：「可以。你要什麼我都可以給你。」畫家望著天使說：「我想要的是幸福。」

天使想了想，說：「我明白了。」然後天使拿走畫家的才華，毀去他的容貌，奪去他的財產和他妻子的性命。做完這些事後，天使便離去了。一個月後，天使再回到畫家身邊，他已經餓得半死，衣衫襤褸地躺在地上掙扎乞討。於是，天使把他的一切還給他，然後又離去了。兩個月後，天使再去看畫家。這次，畫家摟著妻子，不住地向天使道謝，因為，他得到了幸福。

幸福是什麼，幸福就是一種心的感覺。心裡覺得幸福，你才會真的幸福。那麼，你是否覺得愁苦，是否嘗過幸福的味道。其實愁苦也罷，幸福也罷，它們本就是形容詞，而所有的形容詞都是相對而言的。沒嘗過愁苦，又怎知何謂幸福的人生？畢竟，不是每個人都能嘗到愁苦的滋味，所以一些太安逸的人反而會無病呻吟，覺得自己不幸福。其實，幸福就是你活在這個世上，幸福就是你現在衣食無憂，健康安穩。

瓊斯和蘿拉都有一個剛滿兩週歲的寶寶。一天，她們在公園碰上了，就讓兩個寶寶一起在沙堆裡玩沙子。瓊斯看著兩個玩得很開心的寶寶，微笑著說：「都說孩子是父母的天使，給我們帶來希望和快樂。你看他們玩得多起勁，看到喬治（瓊斯的兒子）這麼開心，我就覺得很幸福。」

「傑瑞！（蘿拉的兒子），你再把沙子弄到臉上，我就立刻帶你回家！」蘿拉高聲尖叫。聽到瓊斯的話，蘿拉煩躁地擺擺手，說：「什麼天使，簡直是惡魔。他從來不讓我休息，我的幸福生活就是被他毀了……」還沒說完，蘿拉又開始大叫：「傑瑞，你把沙子弄到嘴裡了，是不是想嘗嘗我的巴掌？」

同樣是兩歲寶寶的媽媽，同樣在玩沙子，為什麼瓊斯覺得幸福，蘿拉覺得煩躁呢？難道是瓊斯的兒子比蘿拉的兒子「老實」一些？其實不然，相對於蘿拉的兒子傑瑞，瓊斯的兒子喬治玩得更瘋，他甚至把沙子倒在媽媽漂亮的裙子上，而瓊斯只是開心地說：「寶貝真棒，知道和媽媽分享快樂了。」

瓊斯和蘿拉之所以有這樣的不同，是因為她們的心態不同。前者是樂觀平和，後者是悲觀冷漠。正所謂一個人的心態是什麼樣的，他眼中的世界也就是什麼樣的。幸福是一天，煩躁也是一天，我們為什麼不幸福地過每一天呢？

我們說，對幸福的感覺是一種心理能力。真正的幸福感是誰也拿不走的，真正的快樂是指向自己的，是自己所持有的一種狀態，而不是把快樂建立在別人身上。因為你快樂著，所以世界是美麗的，也因為你悲傷著，所以世界是灰色的。你的心中所想，就是你內心世界的色彩和基調。要想做自己情緒的主人，請做自己心的主人，因為——幸福從心開始。

2 活在當下，珍惜生命的每一天

生命的意義何在、有何價值？這是許多人常問的問題。有的人閱歷豐富，嘗盡世間百態，很早就頓悟了生命的真諦；有的人或忙碌一生，或悠閒混日子，卻始終無法體現生命的內涵。智者說，生命的意義就在於你還活著。生命中有太多不確定的因素，我們不能預見未來，但能把握此時此刻。因此，活在當下，就請珍惜生命中的每一天。

一位哲學家在古羅馬的廢墟裡發現了一尊雙面神像。由於從來沒見過這樣的神像，哲學家好奇地問它：「你是什麼神啊，為什麼有兩張面孔？」

神像高傲地回答：「我是雙面神。一面回視過去，汲取教訓；一面展望未來，充滿希望。」

哲學家問：「那麼現在呢？最有意義的現在，你放在哪一面了？」

「現在？」神像一愣，「我只顧著過去和將來，哪還有時間管現在？」

哲學家說：「過去的已經逝去，將來的還沒有來到，我們唯一能把握的就是現在。如果無視現在，那麼即使你對過去、未來都瞭若指掌，那又有什麼意義呢？」

聽完哲學家的話，神像流淚了：「你說得沒錯。很久以前，我駐守這座城時，自詡能夠一面查看過去，一面展望未來，卻唯獨沒有好好把握現在。結果，這座城池被敵人攻陷了，美麗的輝煌成了過眼雲煙，我也被人們唾罵而棄於廢墟中了。」

珍惜生命，活在當下。很多人都明白這個道理，但有不少人卻像雙面神像一樣，或者沉湎過去的回憶，或者暢想美好的未來，唯獨沒有把握現在。於是，他們「做一天和尚撞一天鐘」，做事能拖一天是一天，任時光就在得過且過的混日子中悄悄流逝，生命也開始慢慢走到盡頭。

假如在今天，我們只能取得一％的幸福，也不必奢望從明日獲得九十九％的幸福。因為幸福是一點一滴累積而成的，沒有這一％的注入，就不可能產生九十九％的結果。

幸福不在明天，也不在昨天，而在今天，在當下。活在當下，享受當下，你才能活得幸福。

課堂上，教授把一杯牛奶放在桌上，學生們不解地看著那杯牛奶，不明白這杯牛奶和課程有什麼關係，都靜靜地坐著，望著教授。忽然，教授站了起來，伸手「啪」地一聲將牛奶打翻了。學生們都很驚訝，議論紛紛，覺得可惜。這時，教授說話了：「我希望你們永遠記住這個道理：牛奶已經流光了，不論你們怎樣後悔和抱怨，都沒有辦法取回一滴。你們要是事先想一想，加以預防，那杯牛奶還可以保住，可是現在晚了，我們現在所能做到的，就是把它忘記，然後注意下一件事。」

「不要為打翻的牛奶哭泣」，這句話包含了豐富深刻的哲理。過去的已經過去，歷史不能重新開始。為過去哀傷，為過去遺憾，除了勞心費神，分散精力，沒有一點益處。如果你仍然為過去哀傷，下一刻打翻的可能就不僅僅是一杯牛奶，而是一大瓶牛奶，甚至是你的生活。過去我們無法挽回，未來我們不能準確預測，只有現在，才是我們可以把握的。活在當下，就要為當下負責。

我們當下衣食無憂，也沒有什麼事情能在當下威脅我們的安全。這不是幸福嗎？天有不測風雲，月有陰晴圓缺，活在當下，就要快快樂樂，珍惜生命的每一天。正如屠格涅夫所說：幸福不在明天，也不在昨天；它不懷念過去，也不嚮往未來，它只在現在。把握當下的幸福，才是真實的幸福；無限地憧憬明天，幸福永遠也靠近不了我們——在我們一心準備迎接將來某一天到來的時候，往往會忘記、忽視眼前的一切。

過去的就過去了，再後悔也無法重新回去。我們也夠不到未來，無法將它拉到面前。對未來的擔憂只是我們的想像，誰也不知道未來真正會發生什麼。既然這樣，我們就不要為昨日買單，不要為不可知的明日透支情緒。

社會競爭非常激烈，我們常常覺得活得很累、活得很艱難。「生活太累了！」很多本該朝氣蓬勃的年輕人都這樣說。其實，要想活得輕鬆並不難，擁有一個幸福的人生其實也很簡單，只要我們學會擁有「不為昨天買單」，「不為明天透支情緒」的心態就可以了。

暑假到了，喬恩去埃及旅遊。可惜的是，剛到達開羅，就發現裝有護照和現款的錢包不見了。這下麻煩可大了，喬恩趕緊跑去向當地員警說明了情況。

兩天過去了，錢包仍不知下落。這時，喬恩的口袋裡只有幾十元的零錢，該怎麼辦呢？難道要到警察局坐等消息嗎？「不，我應該愉快地過好今天。」他對自己說，「我不願意做任何無意義的事情。我要去看金字塔，我要觀光尼羅河，我可能不再有機會來這兒了。」

於是，喬恩步行出發，參觀了可開放觀光的金字塔，看到了壯麗的尼羅河。到過的地方，喬恩都很認真地體會和欣賞，還留下了許多美麗的照片。

回到美國後，喬恩回憶起那段埃及之旅，感覺很開心。因為他覺得，自己沒有因為錢包被偷而沮喪，沒有因為一個小失誤而失去幾天的美好時光。在他回國後的第五天，當地警察局幫他找回了錢包。此次出行，他沒有為自己留下任何遺憾。

假如我們能夠像喬恩那樣，明白只有今天和此刻的所做才是真實的，徹悟昨天、今天和明天的時間關係，就不會沉浸於痛苦中不能自拔了。如果我們能把昨天看成是今天的經驗、借鑑，把明天看作是今天努力的收穫，就能在積極的情緒下把每一天都過得有意義。

3 降低欲望，提升幸福

美國著名心理學家賽利格曼提出過一個幸福的公式：總幸福指數＝先天的遺傳素質＋後天的環境＋你能主動控制的心理力量（H＝S＋C＋V）。先天的遺傳素質我們無法改變，後天的環境，我們則可以透過努力，得到有限度的改善。而關於幸福公式中的心理力量，則是最能被我們所掌握的。

近年來，有人提出另外一個幸福的公式：幸福＝現實／欲望。在這個公式中，現實往往是一個變化不大的定值。既然現實這個「分子」變化不大，那麼只有降低欲望這個「分母」，才能提升幸福這個結果，即幸福感的大小取決於欲望的高低。欲望越高，幸福感就越低，欲望越低，幸福感就越高。

凱薩琳身材姣好，容貌漂亮。年輕而又有資本的她每天都有不同風格的打扮，或清純，或時尚，或知性，或性感，同事都說凱薩琳簡直是美麗的化身，是百變美眉。在一片讚揚聲中，凱薩琳的虛榮心越發膨脹起來。為了打扮得更惹人注意，更增添品味，她不惜花大筆的錢去購置時尚名貴的珠寶、名牌服裝、高檔皮包……但是，作為一個普通小資粉領族，凱薩琳的收入有限，和強烈的物質欲望不成正比，甚至已經負債累累。

一天，女友又誇凱薩琳的包包漂亮，符合她的氣質。凱薩琳看到四周沒人，就嘆了口氣說其實自己的生活很累，別人看到的只是一個光鮮亮麗的外表，實際上已超出自己的承受範圍，讓自己疲憊不堪。她也自我反省過，超負荷地購買名牌物品似乎也沒讓自己真正開心過，只是她喜歡聽別人的誇獎。而欲望一旦打開，就讓人欲罷不能。

女友開始並不知道凱薩琳透支那麼多錢用來購買奢侈品，現在知道實情後，就真誠地說：「凱薩琳，你已經夠美了，即使不用名貴物品點綴。」後來，兩個人就欲望和幸福感聊了很多。她們發現，如果想要的東西太多，被欲望壓得喘不過氣來，就沒有心情去感受更美的生活。如果沒有那麼多欲望，讓自己的節奏舒適有度，生活反而會更美好、輕鬆。

美國的《快樂研究雜誌》中刊登了一篇十分有趣的文章，說研究人員透過長期的追蹤調查發現，男性在二十多歲時最不快樂，而女性此時最為快樂。但男性隨著年齡的增長，快樂感會慢慢超過女性。到了四十八歲，男性的總體幸福感會超過女性。

研究人員分析，年輕男性不快樂，主要是在經濟狀況方面不滿足。年輕男性想得到的東西太多，夢想太大，欲望太盛。比如，幾乎所有年輕的男性都夢想得到暫時沒有能力得到的名車、別墅以及美女。但是，理想和現實總是存在巨大的落差，所以，年輕男性就會感到沮喪。

步入中年以後，男性距離自己的夢想越來越近，對自己的家庭生活和財務狀況漸漸感到滿意。更重要的是，中年男人經過歲月的沉澱，生活得更充實，不再像年輕時那樣認為名車、別墅會給自己帶來快樂，而是認為現實安穩、與孩子相處、家庭和睦才是生活的最終意義。欲望降低了，幸福感就提升了，所以中年男子比年輕男性的幸福感要強。

所以說，幸福感與欲望成反比。要獲得幸福感，就必須極力地控制和降低欲望。只要降低一分欲望，便會得到一分幸福。

常言道：「物極必反，水滿則溢。」說的也是類似的道理。凡事都有一個度，超過那個度就會走向反面。比如吃飯是好事，但吃多了會得病；疼愛小孩是好事，但要是溺愛則可能愛出壞品格。所以，我們做事情就需要考慮自己的承受所及，凡事留有餘地，才能讓生命走得長、走得遠。

快樂和幸福，其實在於內心。有人說：「心有多大，舞台就有多大。」但是太大的舞台，有時並不是你所能掌控的，也並不能帶給你幸福。我們要做的，就是降低不切實際的欲望，凡事適可而止，這樣幸福就會水到渠成。

健康學家告訴我們，從健康角度來說，飯不宜吃得過飽，八分為最好。其實，生活和做人也是如此。遵循八分飽的尺度也是最合適的。所謂人生的八分哲學，指的是人不要有太高的欲望，把握一個合適的度，才是讓別人和自己都最舒服的狀態，這也是一種處世的藝術和幸福的源泉。

4 知足常樂是保持幸福的祕訣

對於每個人來說，做事都要學會適可而止，不要貪得無厭，否則，無盡的貪欲最終會毀掉自己。要知道，貪欲與煩惱和失敗是成正比的，知足常樂才是保持幸福的祕訣。

一場突如其來的暴雪把一輛遊覽車困住，遊覽車斜斜地摔到了一條山路下，幾乎看不到蹤影。車上的乘客都是去某地旅遊的。幸運的是，旅客中只有二個人受了點輕傷。因為路況非常不好，六個小時後，救援人員還是沒有到來，旅客中有些人開始煩躁了。導遊小姐勸說大家不要著急，並把自己帶的麵包分給大家解饑。因為人數太多，導遊小姐就把麵包分為兩半，一人半塊麵包。

導遊小姐的熱心很快引起了大家不同的反應，感恩而樂觀的人說：「嗯，至少我還有半塊麵包，可以等到救援的人來救我。」悲觀的人卻說：「只有半塊麵包，我真是太可憐了。」

麵包雖然只有半塊，卻從中折射出不同的思考方式：悲觀的人在哀歎，樂觀的人在慶幸。其實，這都是人的欲念在作怪——具有貪念的人總是希望自己能夠擁有更多的東西，不管是財富還是權勢。沒有貪念的人總會珍惜現有的一切，懂得知足常樂。

老子說：「罪莫大於可欲，禍莫大於不知足；咎莫大於欲得。故知足之足，常足矣。」後人從中提煉出「知足常樂」這個成語。知足常樂，是一種人生的境界，是生活的智慧，是尋求生命平衡的一種方式。知足常樂，是幸福的祕訣。

因為種種原因，蘇格拉底的舊居要拆掉，他們要搬到五樓去住。朋友們幫他搬家時說五樓是頂層，搬起東西來頗為不便，他應該換一個低點的樓層。蘇格拉底卻說五樓好，可以免受底樓的潮濕之苦。

後來，蘇格拉底又從五樓搬到了一樓，上次搬家的朋友又來搬家，說一樓的地面經常濕漉漉的。這位世界聞名的大哲學家又是爽朗一笑，說一樓好，可以免去搬東西的辛苦。

無論身處何種不利的情況下，他永遠是滿足的、快樂的、幸福的。這就是智者的思想。但世界上的大多數人，欲望一個接一個，永不滿足。因為不滿足，所以就不快樂，覺得不幸福。解決的辦法就是，時時自我滿足，知足常樂。要明白，貪欲多了，反而會感到悲哀和不幸，所以凡事都要有個度，適可而止。

平安是福，健康是福，只要家庭和睦，快樂地過完每一天，何嘗不是幸福呢？平凡人過著平凡的生活，懷著一顆平常的心，能快樂地對待每一件平凡事，這就是不平凡。只有知足，人生才會常樂。

5 堅定希望，哪怕前方困難重重

在這個世界上，有許多事情是我們難以預料的。我們不能控制機遇，卻可以把握自己；我們無法預知未來，卻可以把握現在；我們無法計算自己生命的長度，卻可以安排當下的行程；我們左右不了變化無常的天氣，卻可以調整自己的心情。要知道，現在的你，並不是未來的你。只要堅定希望，你終會找到屬於自己的幸福。

在人的一生中，任何人都會遇到困難。一位哲人說過，一個人絕對不可在遇到困難時，背過身去試圖逃避。若是這樣做，只會使困難加倍。相反，如果毫不退縮，困難便會減半。

博朗克小時候不喜歡讀書，成績一直平平，他總想放棄學業而整天悶悶不樂。博朗克的母親看到兒子的這種表現，心裡十分著急。

一天，她把兒子叫到跟前，注視著他的眼睛，說：「孩子，早知道你是一個平庸無能之輩，我當初真不該在波濤中掙扎……」接著，她向默默呆立的博朗克憶起往事：在博朗克快要降生的時候，家鄉突然遭到洪水的襲擊，她死裡逃生，好不容易才登上一隻小船，博朗克就降生在這艘小船上。母親望著滔滔洪水和剛剛臨世的小生命，想起了一句話：我要掙扎，我要探出頭來！

聽完媽媽的回憶，博朗克才知道母親所經歷過的艱難，心靈受到強烈的震撼，暗暗發誓要發奮攻讀，絕不辜負媽媽的厚望。皇天不負有心人，他終於以優異的成績受到學校的賞識，被學校聘為助教。

在困難面前保持希望是戰勝困難的巨大動力。一個心存希望的人，不管遇到什麼艱難困苦，都會堅忍不拔、堅定不移地朝著既定目標邁進。因為在他們心中，為了自己心中的希望，吃再多的苦、流再多的汗，也是值得的。

在本尼斯九歲的那年冬天，爸爸帶他到北方阿拉斯的城郊，和爺爺一起過聖誕——在那裡，爺爺有一個小小的農場。

一天，本尼斯在玩耍時，發現屋前的幾棵無花果樹中有一棵已經死了：樹皮有的已脫落，枝幹也不再呈暗青色，而是完全枯黃了。他稍一碰就「叭嗒」折斷了一枝。

於是，他對爺爺說：「爺爺，那棵樹早就死了，把它砍了吧！我們再種一棵。」

可是，爺爺不答應。他說：「也許它的確是不行了。但是過冬之後可能還會萌芽抽技的——說不定它正在養精蓄銳呢！記住，孩子！在冬天，你不要砍樹。」

果然不出爺爺所料，第二年春天，這棵顯然已經死了的無花果樹居然真的重新萌生新芽，和其他的樹一樣感受到了春天的來臨，真正死去的只是幾根枝枒。到了夏天，整棵樹看上去跟它的夥伴沒有什麼差別，都枝繁葉茂，綠蔭宜人了。

所以說，只要我們對未來充滿希望，不輕易放棄，冷靜、耐心地等待，凡事都有轉機的可能。

當瓊斯是農民時，他的身體很健康，工作十分努力，在美國一個小鎮經營一個小農場。但他似乎一直不能使自己的農場生產出比他的家庭所需要的多得多的產品。這樣的生活年復一年地繼續著，直到發生了一件事。

瓊斯患了全身麻痺症，臥床不起，而他已是晚年，幾乎失去了生活能力。他的親戚們都確信，他將永遠成為一個失去希望、失去幸福的病人，他不可能再有什麼作為了。然而，瓊斯卻真的有了作為。他的作為給他帶來了幸福，這種幸福是隨著他事業的成功而來的。

瓊斯用什麼方法創造了這種奇蹟呢？當時，他的身體是麻痺了，但是他能思考，他確實在思考，在計畫。有一天，正當他致力於思考和計畫時，他做出了新的決定。他要從自己所處的地方，把創造性的思考變為現實。他要成為有用的人，他要供養家庭，而不是成為家庭的負擔。

他對家人說：「我再不能用我的手工作了，」他說，「所以我決定用我的心從事工作。如果你們願意的話，每個人都可以代替我的手、腳和身體。讓我們把農場每一畝可耕地都種上玉米，然後就養豬，用所收成的玉米餵豬。當豬還幼小肉嫩時，就把它宰掉，做成香腸，然後把香腸包裝起來，用一種品牌出售。我們可以在全國各地的零售店出售這種香腸。」他低聲輕笑，接著說：「這種香腸將像熱糕點一樣出售。」

這種香腸確實像熱糕點一樣出售了。幾年後，「瓊斯仔豬香腸」竟成了家庭的日常用語，成了最能引起人們胃口的一種食品。

人們常用「心有餘而力不足」來為自己不願努力而開脫，其實，世上無難事，只怕有心人，積極的思想幾乎能夠戰勝世間的一切障礙。

從古至今，有很多偉人、名人都是因為堅持了夢想，沒有因為旁人，甚至權威的話而放棄自己，最終獲得了成功。

愛因斯坦的住處甚至拮据到沒有書房，他就在廚房或者起居室的桌子上工作，在妻子的嘮嘮叨叨和男嬰的啼哭聲中進行著他劃時代的思想實驗。梵谷生前沒有賣出過一幅畫，一直遭受白眼和冷落……試想，如果他們放棄了自己的夢想，還會有後來的成就嗎？

我們掌控情緒操縱術的最終目的就是讓自己快樂、幸福，而幸福就是我們獲得成功的喜悅。大凡成功者，也許不比常人更聰明，更有能力，但他們都有一顆不拋棄不放棄的心，他們堅定自己的希望，敢於為了希望而冒險，所以才到達了自己理想的彼岸。

6 抓住每一個幸福的瞬間

幸福是什麼？幸福就是從心靈深處感受到快樂。亞里斯多德說過：「幸福意味著自我滿足。」要想獲得幸福，就要懂得珍惜。

幸福的瞬間時時刻刻都圍繞在我們身邊，它是那麼地不經意，很難被人發覺。但只要你靜靜地想一想，回憶過去的一幕幕，你就會發現幸福其實無時無刻都在，它就像是一個快樂的天使圍繞在你的身邊，讓人感到滿足，感到快樂。幸福，常常只是一杯白水，總聽見有人抱怨，我是多麼不幸，我從來沒有幸福過。仔細想想，是這些人從來沒得到幸福還是沒有仔細品味幸福這杯白水，沒有珍惜自己所擁有的幸福呢？

當你身處困境時，你是否珍惜過自己擁有健全的身體的幸福？當你沒有健全的身體時，你是否珍惜自己還擁有一顆積極向上的心靈的幸福？甚至當健康的心靈都不再擁有時，你是否又珍惜自己曾經在世界上生活過，把美好的回憶留給他人的幸福呢？如果答案是肯定的，那你就是幸福的，因為你懂得珍惜。

可是，活在當下的人，或者正為工作的不順利而萬分煩惱，覺得前途暗淡，但請想想這世界還有很多人正為了尋找工作而四處奔忙，你是否覺得自己擁有工作也是幸福的？或者正在因為貧窮而苦惱憂愁，但某些富裕的人或許正在羨慕你所擁有的平淡和樸實快樂。其實，太多的幸福就在身邊，就在腳下，只是被自己忽略了。

渴求幸福的人往往不知不覺地把嚮往變成苛求，所以幸福嗅覺就遲鈍了，總是錯過幸福的芬芳。其實，幸福存在於每個瞬間，但因為我們經常享用，反而忽略了它的存在。

幸福是愛的表現，它不僅表現於物質的滿足，還有精神上的愉悅，帶給我們生命的瞬間的幸福。正如一個微笑，是他人對你的喜愛，讓你感到幸福；每一次呵護，是他人對你的關心，讓你感到幸福；每一聲掌聲，是他人對你的鼓勵，讓你感到幸福；每一聲稱讚，是他人對你的敬佩，讓你感到幸福。幸福的瞬間，值得我們回味無窮。

芭芭拉是鎮上最快樂的老太太，大人和小孩都喜歡和她聊天，芭芭拉也總是笑呵呵地和別人分享她的快樂。人們問，為什麼芭芭拉雖然年輕時就守寡，但卻一直這麼快樂？滿臉皺紋的芭芭拉臉上立刻顯出溫柔的表情：「我無法忘記他溫柔地幫我梳頭的瞬間。當他給我梳頭時，我覺得自己是世界上最幸福的女人。今天，他雖然不在了，但是每當我回憶起的時候，我還是覺得自己是世界上最幸福的女人。」

芭芭拉的故事告訴我們，短暫的瞬間不單單給人以美的享受，還給人快樂的泉源。

活在當下，就要學會享受幸福。每一個美好的時刻，都是由一個個瞬間組成的。所以，請享受幸福的每一個瞬間，不要讓它輕易流逝。一定要留住它，就算留不住，也一定要把它深深地刻在自己的腦海裡，讓它陪伴著我們，去擁抱每一個幸福的瞬間。

只要抓住每一個美麗的瞬間，就能營造美好的人生。生命中總有那麼多的瞬間，只要你執意不放過它，那麼它必將為你開啟一道門，並引領你走向意外的豐饒園林。享受每個幸福的瞬間，過好每一天，每一月，每一年，就能幸福一輩子。

一個人，如果可以對著世界大喊：「我很幸福。」那麼他一定是一個懂得珍惜的人。他懂得珍惜自己健全的體魄，懂得珍惜健康的心靈，懂得珍惜自己在世界上留下的軌跡。

一個人如果在別人談及自己的生活有多麼不幸時，能微笑著說：我生活在幸福當中，那麼他一定也是個懂得珍惜的人。

珍惜幸福，珍惜生活中的點滴，懂得去珍惜，你會是世界上最幸福的人。

7 在生活中保持一顆平常心

你是不是總在羨慕他人，不斷地要求自己不停地追趕，不停地奮鬥呢？你是不是時常感覺自己工作壓力大，時常感到心力交瘁、疲憊不堪呢？其實，這一切的根源主要在於你缺乏一顆平常心，不能用平常心看待自己以及當下的生活引起的。雖然我們想透過努力提高自己的生活品質，這是無可厚非的。但如果過度追求物質生活，導致壓力過重，那就會讓自己陷於無邊的痛苦中。

在生活中保持一顆平常心，雖然只是簡單的一句話，但實際上，卻是人們很難跨越的一道坎，因為我們並不懂得什麼是真正的平常心，也不懂得怎樣來保持自己的平常心，更不懂得怎樣來利用平常心，更是常常忘記了生活需要保持一顆平常心。

在生活中保持一顆平常心，首先需要我們保持一種心境，不僅對待周圍的環境要做到「不以物喜，不以己悲」，更要對周圍的人和事做到「寵辱不驚，去留無意」，這樣，我們的生活才能有一份平靜和諧。

其實，在生活中保持一顆平常心也是一種境界。平常心不是「看破紅塵」，更不是消極遁世，相反，它所要表現的是一種積極的心態，以平常心觀不平常事，則事事平常。

現實生活中，也有一些人過得並不富裕，但卻活得真實、輕鬆。因為他們能夠用一顆平常心來看待當下的生活。但有的人可能一生都在不停地追逐名利，卻從沒停下腳來認真欣賞一下人生的美景，感受一下生活本質的甜美。在欲望永不滿足的心態下，生活對他來說只能是一個字：累！其實，人生在世，不如意事十之八九。因此，只有對生命充滿感激，對生活充滿熱愛，珍惜所擁有的，用平常心看待當下生活，幸福才能常伴左右。

要知道，生活本來就不可能一帆風順，有成功，也有失敗；有開心，也有失落。如果我們把生活中的這些沉浮看得太重，那麼生活對於我們來說永遠都不會坦然，永遠都沒有歡笑。如果用一顆平常心來看待這些，就能安然處之，時刻體會到人生的樂趣。

用平常心來看待當下生活的人，可以減少憂慮，生活得更加健康。所以，在我們有限的生命中，不管遇到怎樣的情況，都要保持一顆平常心。只有用平常心來對待、品味當下的生活，才能永享安然快樂。

8 善待自己，享受生活

《塔木德》中有這樣一句話：「適度享樂而不忘追求善行的人才是最聰明的。」它清楚地表明，在猶太人的心目中，理想的人格絕不是那種閉眼不看世界、逃避塵世樂趣的禁欲主義者，而是知道如何享受生活，卻又能不越出一定限度的人。換句話說，懂得享受生活的人，往往懂得如何善待自己。

從前有個優秀的牧師，很受大家的景仰。因為他的行為高尚，為人親切而富於慈愛之心，做事十分拘謹，所以，他理所當然地受到弟子們的衷心愛戴。過了八十歲後的某一天，他的身體突然變得很虛弱。他知道，自己的死期已經臨近，便把所有的弟子叫到了床邊。

弟子們到齊了之後，牧師卻開始哭了。弟子十分奇怪，便問道：「老師為什麼要哭呢？難道您有過荒廢學習的一天嗎？有過因為疏忽而漏教學生的一天嗎？有過沒有行善的一天嗎？您是這個國家中最受尊敬的人，照理說，老師您沒有任何哭的理由。」

牧師說：「正是因為像你們說的這樣，我才哭啊。我剛剛問了自己：有沒有學習？有沒有向神祈禱？有沒有行善……對於這些問題，我都可以作肯定的回答。但當我問自己有沒有過著一般人的生活時，我卻只能回答：沒有。所以我才哭了。」

從這裡不難看出，這個「一般人的生活」就是指溫暖地對待自己，善待自己，從平常的生活中得到快樂。

雷蒙總是很忙，抽不出時間陪家人。女兒麗莎將要過她七歲的生日。她好幾個星期前就興奮地準備著她的首次生日派對了。雷蒙的妻子泰咪告訴他，這個派對他必須參加。但那天雷蒙在舊金山有一個不能錯過的生意，他查到，會議之後有班飛機能夠在女兒生日派對前及時趕回西雅圖，於是就訂了票。

到了那天，會面順利地結束了。即將做成一筆大生意，他興奮不已。雷蒙趕到機場，卻發現飛機誤點了，而他必須趕回家。他試著訂另一班飛機，但是仍然無法及時趕回去。他坐在候機室，用手機撥通了辦公室電話，對他的搭檔弗蘭克說：「會議很成功，但是我被困在飛機場，錯過了麗莎的生日。」一陣失落的感覺襲擊了他，他非常難過。

他回到家時，餐桌上的一束氣球向他搖擺，他不勝悲哀。氣球上貼著一張卡片，上面寫著：「對不起，我遲到了——愛你的爸爸。」他想，這肯定是弗蘭克的主意。這時妻子泰咪從後面走進來，疲憊卻面帶微笑的麗莎跟在身後，尖叫道：「爸爸！」

「生日快樂！」他說著走到女兒面前，給了她一個熱烈的擁抱和一個吻。他不好意思地對妻子說：「至少這些氣球沒有遲到。」

妻子說：「雷蒙，你知道，這張生日卡片很有趣，真的一點也不像你的作風。」

「嗯，實際上……不是我送來的。肯定是弗蘭克的主意，他知道我會遲到的。」

他以為這時他的妻子會責怪他，但是沒有，只見她拿著卡片，說：「雷蒙，你不明白這意味著什麼嗎？」

他看著卡片上的筆跡，這些話是送給妻子、女兒這樣的親人的，卻是由一個根本不認識她們的人寫下的……他感到很慚愧。

一天早晨，他把公司的每個人都找到會議室來，宣布說：「從今天開始，公司將有一些改變。新的工作時間將從星期一到星期四，每天早晨九點到下午五點，最遲到六點。在休息日我不接任何有關工作的電話。過去我花了太多的時間守著你們，守著工作，現在，我要讓你們獨立做自己的工作。」他看得出來，大家費了很大的立企，才忍住要歡呼的衝動。

他想他的妻子和女兒也會高興和歡呼起來。因為，我們需要工作，更需要生活，需要家庭，千萬不能為了工作而忽視家庭和親情。

再看下面這個故事：

有這樣一個員工，在公司裡一向業績出色，深得老闆器重。有一次，公司有意委派他去海外工作兩年，讓他考慮之後給個回覆。在旁人看來，這是天大的好機會。在海外工作有極佳的補貼及薪水不說，按公司慣例，從海外回來後，公司一般都會委以重任，大家都以為這位同事會毫不猶豫地答應下來。

然而出乎大家的意料，一個星期後，同事委婉地拒絕了公司上層的好意。大家對他的做法很是不解，有人終於壓抑不住好奇心，向他問起了原因。他是這樣說的：「我當然知道去海外的種種好處，可是我覺得目前的工作已經讓我有點超過負荷，如果再給自己不斷施壓，一心想著升職賺錢，我擔心自己的生活會徹底地被工作佔滿。更何況我已經有了家庭，有個深愛我的妻子。我不忍心兩個人就此分開那麼久，她會寂寞孤單，我也會過得不快樂。工作和賺錢是為了更好地生活，但不是生活的全部。為了生活得更好，我寧可選擇放棄一部分。」

這位員工的豁達與坦誠著實讓同事感慨良多。他知道自己該要什麼，更知道自己應該放棄什麼。他追求事業與財富，但不會為了這些而放棄美好的生活。相比之下，他更熱愛生活本身。

生命在不斷流逝，我們要學會善待自己，享受生活。善待自己，享受上蒼賜予我們的一切美好：美的風景，美的心情，美的意境。

適度享樂而不忘追求善行的人才是最賢明的。

第五章

生命之舟需要輕載

我們總在埋怨世界給予的太少，讓我們承受的太多，其實，一切負擔都是我們自己給自己的。沉重的包袱，壓得我們喘不過氣。然而，人要懂得愛惜自己，如果一個人連自己都不愛惜，那還有什麼資格要求快樂幸福。

愛惜自己就要放下包袱，讓自己獲得輕鬆。要知道，有時候之所以感覺累，是因為我們的生命之舟承載太多，所以，不要什麼都留戀，累了，就給自己減壓。

1 生命之舟需要輕載

有一個富翁感覺生活中沒有快樂，於是，他決定到外面尋找快樂。他背著重重的金銀財寶走遍了千山萬水，遊遍了各處的名山大川，仍然沒有感覺到快樂。他沮喪地坐在山道旁，看到一個樵夫背著一大捆柴從山上走下來。於是他問樵夫：「我是一個令人羨慕的富翁。為什麼我沒有快樂呢？」樵夫放下肩上沉重的柴禾，輕鬆地擦了一把汗說：「快樂很容易，我放下背上的柴禾就覺得快樂！」

富翁明白了，自己背負著沉重的財寶，總是害怕別人搶或遭人暗算，整天憂心忡忡，怎麼會有快樂呢？生命之舟需要輕載，放下身上沉重的負擔，就會感覺到輕鬆、快樂。

我們總在埋怨世界給予的太少，讓我們承受的太多，其實，一切負擔都是自己給自己的。沉重的包袱，壓得我們喘不過氣。然而，人要懂得愛惜自己，如果一個人連自己都不愛惜，那還有什麼資格要求快樂幸福。愛惜自己就要放下包袱，讓自己獲得輕鬆。要知道，有時候之所以感覺累，是因為我們的生命之舟承載太多，所以，不要什麼都留戀，累了，就給自己減壓。

老師帶著學生打開了一個神祕的倉庫。這個倉庫裝滿了放射奇光異彩的寶貝，而每個寶貝上面都刻著清晰可辨的字，分別是：驕傲、正直、快樂、愛情……每個寶貝都那麼漂亮、迷人。學生見一件愛一件，抓起來就往口袋裡裝，也不考慮自己是否拿得動。

可是在回家的路上，他才發現，裝滿寶貝的口袋是那樣沉重。沒走多遠，就累得氣喘吁吁，兩腿發軟，再也走不動了。老師說：「我看還是丟掉一些寶貝吧，後面的路還很長。」學生戀戀不捨地在口袋裡翻來翻去，不得不咬牙丟掉兩件寶貝。但口袋還是太沉，他又咬牙把「痛苦」、「驕傲」、「煩惱」一一丟掉，口袋的重量減輕了不少，但是時間長了，還是累得不想走。

「孩子，再翻一翻口袋，看還有什麼可以丟掉的？」老師又勸道。學生終於把最沉重的「名」和「利」翻出來扔下了，口袋裡只剩下「謙虛」、「正直」、「快樂」、「愛情」……一下子，他感到說不出的輕鬆和快樂。

但是，當他走到離家很近的地方時，年輕人又一次感到了疲憊，而且是前所未有的疲憊。這時，老師又說：「孩子，看看還有什麼可以再丟掉的，馬上要到家了，回到家，休息好了還可以回來取。」

學生想了想，拿出「愛情」看了看，不捨地放在了路邊。

第二天，他恢復了體力，又到路邊拿回了「愛情」。他高興極了，感到無比的幸福和快樂。

沒有誰可以擁有整個世界，對於不應該屬於我們的，暫時不需要的，要勇敢地放棄。以前的種種經歷可以成為我們以後的借鑒，但不可因此背上包袱，給自己增加負擔，因為我們還要繼續前行。丟掉曾經的失敗、哭泣、榮譽，才會輕鬆上路，才會越走越快樂。

不要為了賺錢而生活，不要只想著賺得更多，要明白，錢是賺不完的。況且，賺錢是為了更好地享受生活，賺錢的同時也不要忽略享受一下生活。

迷人的黃昏海灘上，有一位老翁，每天坐在同一塊礁石上垂釣。無論運氣怎麼樣，釣多釣少，兩小時的時間一到，他便收起釣具準時回家。

一個年輕商人對老人古怪的行為產生了極大的好奇。有一天，當老人準備離開的時候，他走過去問老人：「當你運氣好的時候，為什麼不一鼓作氣釣上一天？這樣一來，收穫豈不是比現在多！」

「釣那麼多魚用來幹什麼？」老者平淡地反問。

「可以賣錢呀！」年輕人覺得老者有點傻。

「賣了錢之後，用來做什麼呢？」老者仍平淡地問。

「你可以買一張魚網，這樣就能捕更多的魚，賣更多的錢。」年輕人迫不及待地說。

「有了那麼多的錢來幹什麼？」老者還是那副無所謂的神態。

「買一條漁船，出海去，捕更多的魚，再賺更多的錢。」年輕人認為應該替老者規劃一下。

「賺了錢再幹什麼？」老者仍是無所謂的樣子。

「組織一支船隊，賺更多的錢。」年輕人心裡直笑老者的愚鈍不化。

「賺了更多的錢再幹什麼？」老者已經收拾好東西了。

「開一家遠洋漁業公司，不僅捕魚，而且運貨，浩浩蕩蕩地出入世界各大港口，賺更多更多的錢。」年輕人眉飛色舞地描述道。

「賺了更多更多的錢還幹什麼？」老者的口吻依舊是那麼平靜。年輕人被這位老者的態度激怒了，沒想到自己反倒成了被問者。「當然是為了享受生活！」

這時老人笑了：「我每天釣上兩小時的魚，其餘的時間嘛，我可以看看朝霞，欣賞落日，種種花草蔬菜，會會親朋好友，悠哉遊哉，我覺得現在已經很享受生活了。」說話間，收拾好自己的物品，揚長而去。

放下沉重的包袱，輕鬆上路，美好的人生在等待我們。否則，痛楚、失落、迷茫等包袱就會重重地壓著我們，我們最終會埋葬在痛苦的深淵，不得解脫。人生有很多的不完美，我們可以去追求完美；人生也有很多的缺憾，我們可以堅強地奮鬥，不留遺憾。在追求的路上，我們要放下包袱，給自己以輕鬆，才會到達理想的彼岸。

不要被太多的欲望拖累，不要總以為自己擁有的還不夠，有些東西別人有而自己沒有。整日迷失在自己製造的種種需求中，就會被壓得喘不過氣。丟掉包袱，給自己減壓，生命之舟才可以輕鬆出航。

2 多向他人學習，摒棄妒忌心理

孔子曰：「三人行，必有我師焉！擇其善者而從之，其不善者而改之。」每個人都有值得你學習的地方，關鍵在於你願不願意承認，並主動去發掘學習。

孔子和他的學生們周遊列國。一天，他們駕車去晉國，遇到一個孩子在路中間玩，擋住了去路。孔子下車對那個小孩說：「你不該在路當中玩，這樣就擋住我們的車了。」孩子指著地上一本正經地說：「老人家，您看這是什麼？」孔子低頭一看，是用碎石瓦片擺的一座城。孩子又說：「您說，應該是城給車讓路，還是車給城讓路呢？」孔子覺得這孩子說的很有道理，便問他叫什麼名字，孩子說：「我叫項橐，今年七歲！」孔子對學生們說：「項橐七歲懂禮，他可以做我的老師啊！」後來孔子繞道而行。

孔子是我國古代著名的大思想家、教育家，學識淵博，但從不自滿，仍虛心學習，雖然對方只是一個孩子，孔子仍從他身上看到了值得學習的地方。

對於那些比你成功的人，不要只是嫉妒，詆毀。他們之所以比你成功，一定有什麼地方值得你去學習、效仿。所以，要發掘他們身上值得你學習的優點，向他們學習。

班克．海德不僅演技精湛，而且聰明過人，在舞台上扮演過各種角色，是位資深演員。

有一天在後台休息，她偶然聽到跟自己在百老匯同台演戲的一位年輕女演員極其傲慢地對眾人說：「班克．海德實在沒有什麼了不起的，都那麼大年紀了，我隨時可以搶她的戲。」

聽到這話，班克．海德並沒有生氣，她知道這是一個很有發展前途的年輕演員，但不改掉目空一切、自高自大的毛病，不懂得向別人學習，是不可能有所作為的。於是，她從旁邊走出來，既心平氣和又針鋒相對地說：「我的確沒有什麼了不起的，不過說句不夠謙虛的話，我甚至不在台上也可以搶你的戲。」

這位年輕的女演員聽後不以為然，嘲弄地說：「您太過於自信了吧。」

班克．海德說：「那我們就在今晚演出的時候試試看吧。」

當天晚上，班克．海德和那年輕女演員同台演出。演出快結束的時候，班克．海德要先退場，留下那名女演員獨自演出一段電話對話的戲碼。班克．海德在台上表演完飲香檳之後，把盛著酒的高腳杯隨意地放在桌邊上，然後退下場。高腳酒杯有一半露在桌外，眼看就要掉下來了，觀眾發現了這點，都十分擔心、緊張，都注視著那個隨時可能掉到舞台上的高腳杯，而忽略了演戲的女演員。

那位年輕的女演員就這樣在觀眾心不在焉的表情下演完這場戲。

那麼，為什麼高腳杯沒有掉下來呢？原來，老練的班克．海德退場前用透明膠布把高腳杯黏在了桌邊上。看上去很危險，其實是不會掉下來的。

年輕的女演員很慚愧，從這件事中她領悟到：如果能把遇見的每個人都當成老師，能學到許多課堂上無法學到的知識，同時也能化解許多不必要的阻力和麻煩。對於一個剛出道的年輕演員來說，更是如此。於是，她主動找到了班克．海德，誠心誠意地承認了自己的錯誤。

在這個世界上，沒有一無是處的人，也沒有十全十美的人。我們要善於發現別人的優點，學習他們的優點，既可以使自己有所得，心情愉快，也更能贏得別人的喜歡和尊重。

況且，有時候，我們所瞭解的不一定是正確的，所以千萬不要以為自己比別人懂得多，即使自己真的瞭解很多，也要向別人學習那些自己不瞭解的。

在生活中，能夠成為自己老師的人有很多。譬如他人的一種好的工作方法，一個好的學習習慣，一種好的品行，一手漂亮的字，一口流利的外語，一門熟練的技術等。這些平凡的長處，不正是我們工作和生活中渴望擁有的嗎？學習別人的長處，自己就多了一個長處，少了一些短處；學習別人的長處，自己就多了一點智慧，少了一點愚笨；學習別人的長處，自己就多長了一些本領，少走了一些彎路。學習別人的長處，是完善自我的有效途徑，是成才的最佳方式，是成功的良好階梯。

學他人之長，要有一種謙虛的態度。我們學習別人，往往只盯著名人、名家和英雄、模範，常常對身邊的同事、朋友或下屬不屑一顧，這是學習上的一種偏頗。有道是「聖人無常師」，每個人的身上都有值得我們學習的地方。

學他人之長，要有一種不恥下問的精神。不懂裝懂、不會裝會，是取不到「真經」，學不到真知的。

學他人之長，還要有一股執著的精神。荀子說：「鍥而不捨，金石可鏤。」執著，是打開知識之門的金鑰匙，是走向輝煌的必然選擇。

誰都渴望成才，然而，美好的願望與客觀現實之間是有距離的。探尋那些成功者的人生之路，不難看出，他們的成才過程除了環境、機遇、天賦因素外，其中重要的一點就是善於學習和借鑒他人的長處。每個人的成長環境、生活愛好、接受教育程度等情況的不同以及性格特點的差異，構成了各自不同的才能要素，這些才能要素，是走向成功的能量。善於發現、學習他人的這些長處，去彌補、修正自己的某些短處，將會使自己成為一個智慧超群、才能卓越的人。

被稱為日本「銀座猶太人」的藤田岡，為了讓職員學會觀察和思索別人行為的成敗之處，規定每月由公司出錢，選一部最新的，又富有訓練經商頭腦的電影，要求全體員工都必須去看，如果沒有特別的原因而缺席者，便從薪水中扣除一張電影票的錢，他本人也不例外。這種做法使員工獲益非淺。

孔子曾說過：「見賢思齊焉，見不賢而內自省也。」意思就是說見到賢達之人或別人的優點時，要積極地向他看齊，去學習他身上的優點。先不要說賢人有什麼優點，生活中每個人身上都有不同的優點。只要我們善於發現他人的優點，把別人的優點積於一身，或許我們的缺點就會越來越少。

3 向對手學習，自己才不會落後

在草原上，趁牧民不注意，狼經常偷吃羊。為了不再損失更多的羊，牧民就想盡辦法，絞盡腦汁把草原上的狼除掉。原以為狼沒了就可以安心了，可是沒想到羊群卻變得老弱病殘。相反，一些野生羚羊或鹿為了逃避兇猛動物的獵殺，必須長期奔跑，使得它們不僅擁有強健的身體，而且也能輕鬆躲避狼的捕殺。顯然，有無對手所產生的結果是截然不同的。正因為我們身邊的這些對手，才使我們變得更堅強、更充滿活力、更努力拚搏。

對手好比是一面鏡子，可以照自己，讓我們充分認識到自己的不足，然後去加以完善。對手是人生道路上的同行者，又是挑戰者，有實際存在的，也有精神上的。如果某天突然發現對手超過了我們，不要對他們所獲得的成就不屑一顧，此時就向對手學習，學習他們的成功經驗，這樣我們才不會落後。

即使有些時候你已經超過了對手，也不要放鬆警惕，忽視對手，而要保持冷靜，分析形勢，看看此時對手還有什麼地方比你高明，應該向落後你的對手學習什麼。

在一次美洲杯帆船賽中，美國隊的自由女神號對陣來自大洋洲的澳大利亞號。比賽剛開始，澳大利亞號由於搶在發令槍響之前起步，不得不重新撤到起點線後面起步。自由女神號當然不會放過這個機會，一開始就獲得了三十七秒鐘的領先優勢。只要自由女神號保住這個優勢直到終點，獎盃就會輕易到手。

眾所周知，在帆船比賽中，風向非常重要，誰最先找對了風向，誰就可以取得最快的速度。澳大利亞號的船長見自己已經落後，便決定賭上一次。此時就指望風向可以發生變化，所以，他們果斷地把帆船轉向賽道的左邊。自由女神號的船長很清楚地看到了澳大利亞號的動向，可是他判斷風向是不會變的，所以沒有採取任何調整措施，仍然讓自己的船保持在航道的右邊。結果，澳大利亞人的孤注一擲成功了——風向果然按照他們的預料偏轉了。澳大利亞號乘風破浪，一點點地超越了自由女神號，獲得了最後的勝利。

比賽結束後，自由女神號的船長受到了批評。一位經驗豐富的船員說，自由女神號最大的失誤就是領先之後沒有向澳大利亞號學習。一般人都會認為，既然已經領先了，就說明目前的策略是正確的，應該繼續保持，怎麼能放棄目前的做法，盲目地向落後者學習呢？

這是一個眾人皆知的道理，在帆船比賽中，如果你已經領先對手，接下來應該做的就是對手怎麼做你就跟著做。如果落後的帆船改變航向，你也要及時改變航向，即使你覺得對手的做法很愚蠢，會使你的速度降低，你也要照做不誤，因為這是保持領先優勢的最有效辦法。

對自由女神號來說，不管澳大利亞號的判斷是否正確，它轉了方向，自由女神號也應該隨著它轉向，這樣，如果風向真的變了，大家可以一起快，風向不變，大家就一起慢。儘管考慮的時間可能會損失幾秒鐘，卻很難把三十七秒鐘完全輸光。

對於每個人來說，對手都是相對立的，似乎他就是我們前進中的障礙。對手有時還會給我們造成諸多的不便與坎坷，因此大多數人總是和對手充滿敵意。但是，我們不能完全否定對手，而應該發現他們身上值得我們學習的優點。

正因為有了對手，我們的生活才不會像白開水一樣平淡乏味，而變得多彩繽紛；正因為有了對手，我們才不會像人工養殖的鮮花一樣柔弱，而變得更堅強；正因為有了對手，我們才能享受到勝利的喜悅。

很多人喜歡的ＮＢＡ籃球比賽可以說是高手如雲。在籃球比賽中，更要不斷地向強大的對手學習，彌補自己的不足，努力加強調整整個團隊，才能在下一次的比賽中轉敗為勝。

在任何比賽中，獲得勝利的一方一定在某些方面比輸家做得好，比如說人員狀態的調整、戰術的選擇、戰術的執行等。輸家如果想在下一次的比賽中獲得勝利，就必須要學習對手的優點，給自己以有益的補充。

比賽如此，人生同樣如此。在人生眾多的競爭中，我們不可能一直贏，一旦輸了，我們就要知道失敗的原因，並從對手的身上學習。從某種意義上說，對手對我們有促進和幫助作用，他們是激勵我們不斷前進的動力。正因為對手的競爭，才讓我們有了壓力，有了壓力才有動力。假如我們生活在一個沒有任何壓力的環境下，天長日久很可能會喪失前進的動力。

在很多對手的身上，我們會發現他們大都具有某些良好的心態：不甘平庸、積極進取、敢於冒險、自強自信等，而這些心態正是我們所不足或應加強的。向這些對手學習這樣的心態，能使我們提升自身素質並達到成功。

美國斯圖．倫納德乳製品商店的經理斯圖．倫納德常培訓教育中層幹部，使他們成為零售業務和競爭分析方面的專家。他的辦法很獨特，就是訪問競爭對手。

他經常挑選一個與自己商店的經營有相似之處的競爭對手作為訪問對象。去訪問時，不管是遠是近，即使是幾百公里以外的地方，他也會帶上十五個下屬一同前往。

為此，他還專門設計了十五人座的麵包車。當這些下屬隨著中層幹部出發時，就意味著他們參加了一個「主意俱樂部」，將接受斯圖．倫納德對他們的挑戰：誰能第一個從競爭對手的經營管理中受到啟發，提出對本公司有用的新思唯？能不能保證自己至少也提出一條新思唯？

斯圖．倫納德這樣做的目的，就是讓每個訪問者都能至少找到一處競爭者比斯圖．倫納德商店做得好的地方。

斯圖．倫納德說：「我們應當儘量找出一件競爭對手比我們做得好的事，那很可能只是不起眼的小事，但只有這樣，我們才能不斷改進自己的工作。」

學習競爭對手，進而超越競爭對手，是每一個企業和員工的必修課。在千變萬化的市場競爭中，吸取競爭對手的成功經驗，加以移植、改良或創新，就能使自己的企業不斷壯大，立於競爭的不敗之地。

如果我們沒有對手，沒有強大的對手讓我們時時感到危機，我們的潛能就很難被激發出來。可以說，是對手造就了我們的成功，對手越強大，我們自己也就越偉大。是對手把我們提升到一個新的境界。

在如今競爭激烈的社會中，湧現出一批又一批發展全面，素質強勁的對手。正是由於他們，才使你認識到自己的不足，認識到要發展自我。總之，在前進的道路上，只有看到對手的優勢，向對手學習，我們才不會落後。

4 把自我提升當成一件開心的事

俗話說，活到老，學到老。每個人都永遠不要對自己的現狀滿足，即便已經很有學問，很成功，也要繼續提升自我，因為學習是沒有止境的。當你再次到達新的高峰時，你會對自己開心一笑。

有一家法國小公司被一家德國跨國集團兼併後，公司新總裁宣布：公司不會隨意裁員，但如果員工的德語太差，以致無法和其他員工交流，那麼很有可能被裁掉。公司將透過一次考試來檢驗他們的德語水準。

當其他的員工都湧向圖書館，開始補習德語時，只有一位叫皮埃爾的員工表現如同往常一樣，並沒有出緊張的神情。其他人認為他可能已經放棄這個職位了，但是當考試成績公布後，皮埃爾的成績卻是最高的。高層根據成績外加其他幾項考核，決定任命皮埃爾擔任集團公司的大區總經理。

原來，皮埃爾自從大學畢業來到這家公司後，就認識到，與別人相比，自己無論是在知識上還是在經驗上，都沒有特別突出的地方。從那時起，他就開始透過各種方式的學習來實現自我提高。公司的工作雖然很忙，但他堅持每天都一定要學習新的知識和技能。因為是在銷售部工作，他看到公司有很多德國客戶，但自己不會德語，每次與客戶的往來郵件與合約文本都要公司的翻譯幫忙，有時翻譯不在或兼顧不上的時候，自己的工作就要受影響。因此，雖然公司沒有明文規定要學德語，但皮埃爾還是主動地開始學起德語。

對皮埃爾來說，公司被兼併這樣的事情顯然不是他所能決定的，但是他能夠透過積極的學習，增加自己的技能，從而順利地達到了新任高層的要求。

顯而易見，皮埃爾把自己的業餘時間用來學習，為自己的事業累積「知本」，終有一天，這些「知本」成了他事業前進的推動力。也可以說，有這種「知本」意識的人，想不成功都難！

誠然，提高自己的能力是一個人在這個世界上立於不敗之地的一個最基本，也是最核心的方法。在我們身邊，很多人都在主動地無時無刻地學習，補充知識，提高自身的能力，以便在社會中更好地發展，獲得更大的成功。可是這些人有多少嘴上掛著笑容呢？他們心中更多的是苦悶和掙扎，雖然他們一直在為實現自己的目標而努力。

既然我們離自己的目標越來越近，那麼為什麼不能把這個準備提升自我的過程變得更快樂一點呢？

一位幸運的年輕人在杜蘭特公司找到一份工作。工作半年後，他很想知道公司總裁對自己的評價，雖然他覺得工作繁忙的總裁可能不會理睬，但他還是決定給總裁寫一封信。他在信中向總裁提了幾個問題，最後一個，也是最重要的一個問題是：「我能否在更重要的位置上做更重要的工作？」

沒想到總裁給這位年輕人回了信，他沒有回答這位年輕人的其他問題，只對他最後的問題做了批示：「剛好公司決定建一個新廠，你去負責監督新廠的機器安裝吧，但你要有不升遷也不加薪的準備。」和回信一起，還有總裁給他的一張新工作需要用到的施工藍圖。

年輕人沒有經過這方面工作的任何訓練，也沒有經驗可循，卻要在很短的時間內完成任務，對一般人來說，這是非常困難的。年輕人也深知這一點，但他更清楚，這是一個難得的機遇，新的工作可以讓他得到很大的提升，如果自己退縮了，那麼可能很難再有幸運垂青。於是他廢寢忘食地研究藍圖，向有關人員虛心請教，並和他們一起進行分析研究。在新的工作領域，他學到了新的知識，擴展了自己的視野，雖然工作很辛苦，但他很快樂。

在大家的努力下，工作順利開展，並且提前完成了總裁交給的任務。當這位年輕人向總裁回報這項工作的進展時，意外的是，他沒有見到總裁。一位工作人員交給他一封信，總裁在信中說：「當你看到這封信時，也是我祝賀你升任新廠總經理的時候。同時，你的年薪比原來提高十倍。據我所知，你是不能看懂這份藍圖的，但是我想看看你會怎樣處理，是臨陣退縮還是面對挑戰。結果我發現，你不僅具有快速接受新知識的能力，還有出色的領導才能。當你在信中向我要求更重要的職位和更高的薪水時，我便發現你與眾不同，這點頗令我欣賞。對於一般人來說，可能想都不會想這樣的事，或者只是想想，但沒有勇氣去做，而你做了。新公司建成了，我想物色一個總經理。我相信，你是最好的人選，祝你好運。」

生活中總有很多事情是非常被動的，比如例子中的年輕人，他在沒有絲毫準備的情況下，被上司安排了一個幾乎不可能完成的任務。如果換成一般的人，可能很容易就放棄了，可是他沒有，他把這次機會視為自我提升的機會，學會了很多曾經沒有涉及過的東西，掌握了很多以前連想都不敢想的知識，而且在進行所有一切的同時，他的心態是非常平穩甚至是非常快樂的，因為他有自信：所有的一切都是為了完善自己和公司的業績去進行的，只要自己努力做到了，一定會有不小的回報，而事實與年輕人的所想完全相同。

所以，當很多歷練甚至磨難擺在面前時，請將其視為一次提升自己、完善自己的機會。只要你把它視為一種快樂的過程，結果一定會讓你滿意的。

5

要善於自我檢討和反省

有一個人整天埋怨生活不順利，好像不如意的事情都發生在他的身上。有一天，他發牢騷說：「為什麼命運之神要這樣捉弄我？」

他的話被命運之神聽到了，就對他說：「其實這與我沒有關係，只是你忘了生活中一個重要的環節，抓住了這個環節，你就會事事如意。」那人請教命運之神是什麼環節，命運之神說：「把反省自己當成每天的功課。」

所謂反省，就是審查自己，檢討自己的言行，看看有沒有要改進的地方。金無足赤，人無完人，每個人都有缺點，都會犯錯，為什麼不靜下心好好看看自己，反省一下自己呢？

孟子曾說過：「仁者如射；射者正己而後發；發而不中；不怨勝己者，反求諸己而矣。」仁者立身處世也像射箭一樣，射不中，不怪比自己技術好的人，只會從自身尋找原因。頗具影響力的心理學家加德納強調內省智慧是多元智慧中一種十分重要的智慧。內省智慧強的人能自我瞭解，意識到內在的情緒、意向、動機以及自律、自知和自尊的能力、瞭解自己的優劣，謹慎地規劃自己的人生。

孔子說過這樣一句話：「躬自厚，而薄責於人，則遠怨矣！」意思是，能夠自我反省，多從自己身上找原因，責備自己多，而埋怨人家少，內心的怨恨自然就少了。

有這樣一個故事：山上有兩座廟，甲廟的和尚經常吵架，互相敵視，生活痛苦；乙廟的和尚卻一團和氣，個個笑容滿面，生活快樂。於是，甲廟的住持便好奇地前來請教乙廟的和尚：「你們為什麼能讓廟裡永遠保持愉快的氣氛呢？」乙廟的和尚回答：「因為我們經常做錯事。」

甲廟住持正感疑惑時，忽見一名和尚匆匆由外歸來，走進大廳時不慎滑了一跤，正在拖地的和尚立刻跑了過去，扶起他說：「都是我的錯，把地擦得太濕了！」站在大門口的和尚，也跟著進來懊惱地說：「都是我的錯，沒告訴你大廳正在擦地。」被扶起的和尚則愧疚自責地說：「不！不！是我的錯，都怪我自己太不小心了！」前來請教的甲廟住持看了這一幕，心領神會，他已經知道答案了……

而在我們的日常生活中，我們往往為了保護自己而推卸責任或與人爭吵。很多時候，人們不肯反省，是因為不肯坦然面對過失。犯了錯，只想到遮掩。遮掩的方式有很多，諸如狡辯、抱怨、避免再提，總之是沒有勇氣面對。原來，人們的責備意識常是對外的，總是把意識投向自身以外的人和物，而很少會反身自問，例如我們很容易批評其他人，某某做得不對，某某是壞人，總是在品評他人時遺忘了自己。所以，這時候，我們需要具備自我反省的能力。很多時候，反省自己不但能表現出個人修養，可以激勵自己向上，甚至可以化暴戾為祥和。

反省其實是一種學習能力，反省過程就是學習過程。如果能夠不斷自我反省並努力尋求解決問題的方法，從中悟到失敗的教訓和不完美的根源，並全力改正臻於完善，這樣就可以在反省中清醒，在反省中明辨是非，在反省中變得有睿智。

生活中隨時隨地都有我們學習的機會，孔子說「觀過而知仁」，意思就是在日常生活中看見人家犯錯或者發現自己有過失，便做出深刻的反省，提醒自己不犯同樣的錯誤，有這種學習能力，才能成就真正的學問。

倘若沒有反省，就沒有進步。成功學專家羅賓認為，我們不妨在每天結束工作時，好好問自己下面的這些問題：今天我到底學到些什麼？我有什麼樣的改進？我是否對所做的一切感到滿意？如果你每天都能改進自己的工作，必然能夠如願實現自己的人生價值。正所謂智者事事反求諸己，愚者處處外求於人。注重內部控制者不但比只求外部控制者成績好、進步、輕快，而且日後的成就也較大。所以，自我批判能力愈強，往往智慧和精神境界也愈高，較能創立偉大的事業。而內省能力的形成，則標誌著受教育者的自我教育能力已從不成熟過度至成熟。

著名的經濟學家凱恩斯，同時也是華爾街投資公司的高級顧問。他年紀輕輕時就已經是百萬富翁了。當記者問其成功之道時，凱因斯說：「我有一個習慣，就是喜歡為自己制訂計畫。計畫包括每一年的計畫，也包括每個月的計畫，甚至還落實到每一天。可以這樣說，我之所以能夠獲得成功，這些計畫發揮了非常重要的作用。」

記者問：「計畫？怎麼利用這些計畫呢？」

凱因斯說：「只有計畫還是不行的，還要嚴格地執行，這就涉及自我反省。我每天都要反省，看一看今天有什麼收穫，有什麼地方做得不好。凡是沒有做好的地方，必須要想辦法彌補回來。同時，再想一想今天的成績，用它們來鼓勵自己繼續努力。同樣的方法，每一個月，每一年都要做這樣的反省。」

法國牧師納德．蘭塞姆去世後，安葬在聖保羅大教堂，墓碑上工工整整地鐫刻著他的手跡：「假如時光可以倒流，世界上將有一半的人可以成為偉人。」一位智者在解讀蘭塞姆手跡時說：「如果每個人都能把反省提前幾十年，便有百分之五十的人可能讓自己成為一名了不起的人。」

雖然他們的說法有異，但實質上闡述的都是自我反省對於人生的重要意義。的確，與其等到年華老去的時候感歎，何不從現在開始反省自己呢？

反省不是一段時間的事情，而是一個習慣，是一個持續的過程。所以，我們應該每天都做這件事。每天在睡前對自己做過的事情進行總結、歸納，找出自己的不足之處，這種自省可以審視自身得失，可以完善自我。

世界上沒有絕望的處境，只有對處境絕望的人。

附．錄

成功者格言錄

每一個成功者都有一個開始，勇於開始才能找到成功的路。

◆世界會向那些有目標和遠見的人讓路。
◆造物之前，必先造人。
◆與其臨淵羨魚，不如退而結網。
◆若不給自己設限，則人生中就沒有限制你發揮的藩籬。
◆賺錢之道很多，但找不到賺錢之法，便成就不了大事業。
◆蟻穴雖小，潰之千里。
◆最有效的資本是我們的信譽，它二十四小時不停地為我們工作。
◆絆腳石乃是進身之階。
◆以誠感人者，人亦誠而應。
◆世上並沒有用來鼓勵工作努力的賞賜，所有的賞賜都只被用來獎勵工作成果。
◆出門走好路，出口說好話，出手做好事。
◆旁觀者的姓名永遠爬不到比賽的計分板上。
◆即使爬到最高的山上，一次也只能腳踏實地地邁一步。
◆積極思考造成積極人生，消極思考造成消極人生。

◆人之所以有一張嘴，而有兩隻耳朵，原因是聽的要比說的多一倍。

◆別想一下造出大海，必須先由小河川開始。

◆當你感到悲哀痛苦時，最好是去學些什麼。學習會使你永遠立於不敗之地。

◆世界上那些最容易的事情中，拖延時間最不費力。

◆世界上沒有絕望的處境，只有對處境絕望的人。

◆迴避現實的人，未來將更不理想。

◆先知三日，富貴十年。

◆怠惰是貧窮的製造廠。

◆不為失敗找理由，要為成功找方法。

◆如果我們想要更多的玫瑰花，就必須種植更多的玫瑰樹。

◆堅韌是成功的一大要素，只要在門上敲得夠久、夠大聲，終會把人喚醒的。

◆一個有信念者所開發的力量，大於九十九個只有興趣者。

◆環境不會改變，解決之道在於改變自己。

◆每一次發憤努力的背後，必有加倍的賞賜。

◆若你希望成功，以恆心為友，以經驗為參謀，以小心為兄弟，以希望為哨兵。

◆大多數人想要改造這個世界，但卻罕有人想要改造自己。

◆未曾失敗的人恐怕也未曾成功過。

◆人生偉業的建立，不在能知，乃在能行。

◆人之所以能，是相信能。

◆沒有口水與汗水，就沒有成功的淚水。

◆挫折其實就是邁向成功所應繳的學費。

◆任何的限制，都是從自己的內心開始的。

◆忘掉失敗，不過要牢記失敗中的教訓。

◆不是境況造就人，而是人造就境況。

◆只要路是對的，就不怕路遠。

◆人得先從自己的內心開始奮鬥，才能擁有價值。

◆生命對某些人來說是美麗的，這些人的一生都為某個目標而奮鬥。

◆推銷產品要針對顧客的內心，不要針對顧客的外表。

◆沒人富有到可以不要別人的幫助，也沒人窮的不能在某方面給他人的幫助。

◆昨晚多幾分鐘的準備，今天就少幾小時的麻煩。

◆學會拿望遠鏡看別人，拿放大鏡看自己。

◆事實上，成功僅代表了你工作的百分之一，成功是百分之九十九失敗的結果。

◆不要等待機會，而要創造機會。

◆成功的法則極為簡單，但簡單並不代表容易。

◆凡真心嘗試助人者，沒有不幫到自己的。

◆積極者相信只有推動自己才能推動世界，只要推動自己就能推動世界。

◆一個人最大的破產是絕望，最大的資產是希望。

◆行動是成功的階梯，行動越多，登得越高。

◆環境永遠不會十全十美，消極的人受環境控制，積極的人卻控制環境。

◆做對的事情比把事情做對重要。

◆「人」的結構就是相互支撐，「眾」人的事業需要每個人的參與。

◆競爭頗似打網球，與球藝勝過你的對手比賽，可以提高你的水準。

◆只有不斷找尋機會的人才會及時把握機會。
◆你可以選擇這樣的「三心二意」：信心、恆心、決心；創意、樂意。
◆無論才能之事多麼卓著，如果缺乏熱情，則無異紙上畫餅充饑，無補於事。
◆磁鐵吸引四周的鐵粉，熱情也能吸引周圍的人，改變周圍的情況。
◆網路事業創造了富裕，又延續了平等。
◆沒有天生的信心，只有不斷培養的信心。
◆顧客後還有顧客，服務的開始才是銷售的開始。
◆忍別人所不能忍的痛，吃別人所不能吃的苦，是為了收穫得不到的收穫。
◆未遭拒絕的成功絕不會長久。
◆外在壓力增加時，就應增強內在的動力。
◆股票有漲有落，然而打著信心標誌的股票將使你永漲無落。
◆如果要挖井，就要挖到水出為止。
◆成功絕不喜歡會見懶惰的人，而是喚醒懶惰的人。
◆做的技藝來自做的過程。

◆成功的信念在人腦中的作用就如鬧鐘，會在你需要時將你喚醒。
◆知識給人重量，成就給人光彩，大多數人只是看到了光彩，而不去稱重量。
◆做事最重要的就是不要去看遠方模糊的，而要做手邊清楚的事。
◆失去金錢的人損失甚少，失去健康得的人損失極多，失去勇氣的人損失一切。
◆在真實的生命裡，每件偉業都由信心開始，並由信心跨出第一步。
◆要冒險！生命就是一場冒險，走得最遠的常是願意去做、願意去冒險的人。
◆「穩妥」之船從未能從岸邊走離開。
◆一個人除非自己有信心，否則無法帶給別人信心。
◆讓我們將事前的憂慮，換為事前的思考和計畫吧！

國家圖書館出版品預行編目資料

情緒心理學：破解快樂背後的超完美行為控制術／李問渠作. ——初版. —— 新北市：華志文化, 2015.10
面；　公分. ——（全方位心理叢書；10）
ISBN　978-986-5636-35-7（平裝）

1. 情緒管理 2. 生活指導

176.52　　104016944

華志文化事業有限公司
系列／全方位心理叢書010
書名／情緒心理學：破解快樂背後的超完美行為控制術
作者　李問渠
執行編輯　林雅婷
美術編輯　簡郁庭
封面設計　王志強
文字校對　陳麗鳳
企劃執行　康敏才
總編輯　黃志中
社長　楊凱翔
出版者　華志文化事業有限公司
電子信箱　huachihbook@yahoo.com.tw
地址　116台北市文山區興隆路四段九十六巷三弄六號四樓
電話　02-22341779
印製排版　辰皓國際出版製作有限公司

總經銷商　旭昇圖書有限公司
地址　235新北市中和區中山路二段三五二號二樓
電話　02-22451480
傳真　02-22451479
郵政劃撥　戶名：旭昇圖書有限公司（帳號：12935041）

出版日期　西元二〇一五年十月初版第一刷
售價　一九九元
本書採用POD數位印刷

華志文化

華志文化